Christine Swientek

Zu Besuch bei alten Damen

HERDER / SPEKTRUM
Band 4774

Das Buch

Sie fahren nach Afrika. Sie bilden sich weiter. Sie sind gefragte Models. Sie arbeiten mit Kindern und ausländischen Studenten, sie sind Pilotin oder schreiben ihre Lebensgeschichte auf: Frauen über 80, die aktiv sind, denen sich die Frage „Wie alt bin ich eigentlich?" gar nicht stellt. Sie übernehmen Verantwortung und bleiben engagiert und am Leben interessiert. Christine Swientek läßt Frauen zu Wort kommen, die eigenwillig ihr Leben leben: Sie sind alle nicht mit einem „silbernen Löffel" im Mund geboren worden, haben Krisen erfahren und durchstanden. Christine Swientek hat diese Frauen gefragt, woher sie denn die Energie nehmen, was sie motiviert hat, überhaupt aktiv zu werden, wie sie ihre pfiffige Zähigkeit allen Widerständen zum Trotz bewahrt haben. Das Buch zeigt, daß alte Frauen aktiv und attraktiv sind, daß sie etwas zu sagen haben und ihre Stimmen gehört werden müssen. Sie konkurrieren nicht, sondern kooperieren. Sie halten sich selbst die Treue – die besten Voraussetzungen, um gesund zu bleiben und sich wohl zu fühlen. Und sie haben nie den Kontakt zur Realität, zu jüngeren Menschen verloren. Christine Swientek hat alte Frauen zu Wort kommen lassen, deren Leben Lust macht, selbst alt zu werden.

Die Autorin
Christine Swientek ist Erziehungswissenschaftlerin und lehrt als Professorin an der Universität Hannover. Zahlreiche Publikationen. Bei Herder/Spektrum u.a.: Mit 40 depressiv, mit 70 um die Welt. Wie Frauen älter werden (4010), Mal sehen, was das Leben noch zu bieten hat. Das fünfzigste Jahr oder die bessere Hälfte des Lebens (4298), Nachwort zu Marianne Arlt: Pubertät ist, wenn die Eltern schwierig werden. Tagebuch einer betroffenen Mutter (4100), Wer sagt mir, wessen Kind ich bin? Von der Adoption Betroffene auf der Suche (4163). Was bringt die Pränatale Diagnostik? Informationen und Erfahrungen (4654).

Christine Swientek

Zu Besuch bei alten Damen

Mit Eigensinn, Witz und Charme
– außerordentliche Porträts

Herder
Freiburg · Basel · Wien

Gedruckt auf umweltfreundlichem,
chlorfrei gebleichtem Papier

Originalausgabe

Herstellung: Freiburger Graphische Betriebe
Umschlaggestaltung: Joseph Pölzelbauer
Umschlagfoto: © Christoph & Friends. Das Fotoarchiv
ISBN 3-451-04774-8

Dieses Buch widme ich der Frau, die mich vor 44 Jahren als ihr 5. Kind „adoptierte", die mich seither durch alle Höhen und (vor allem) Tiefen begleitete, die mit 80 Jahren trotz schwerer Krankheit „mal eben nach Ladakh" flog, die mir Mutter, Freundin, Psychotherapeutin, Erzieherin, Buchlieferantin, treue Korrespondentin und kritische Anmerkerin meines Lebenswandels ist – und locker auf ihren 87. Geburtstag zusteuert. Dieses Buch widme ich also voll Dankbarkeit für ihr Da-Sein: Ute W.

„Im Idealfall symbolisiert eine alte Frau Würde, Weisheit, Tradition, Lebenserfahrung und Herzensgüte, wozu allerdings auch eine gehörige Portion kratzbürstiger Humor, barsche Gradlinigkeit und neckische Verspieltheit kommen."
(Clarissa Pinkola Estes)

Inhalt

Mein eigenes Alter …

… schreitet fort – wie auch nicht. Ich sehe in den Spiegel und sehe auf dem Haupte mehr weiß als schwarz. Die beiden weißen Strähnen rechts und links über den Ohren fand ich vor fünf oder zehn Jahren noch ganz edel. (Mir blieb auch gar nichts anderes übrig, zumal die zwanzigjährige Drogerieverkäuferin mir mit leicht gelangweiltem Blick erklärte, eine Mahagonitönung sehe auf Schwarz wohl ganz gut aus, aber auf Weiß würde sie eben rosa. Das war dann auch der Beginn einer mehrtägigen Krise!) Meine Haut ist allerorten geknittert, zerknautscht und gefältet. Gottlob oder leider kommen mir die meisten Menschen, denen ich (noch) gefallen möchte, nicht so nahe, daß jedes zarte Fältchen sofort auffiele. Die neuen, guten und teuren Kameras sähe ich allerdings lieber mit Weichzeichner ausgestattet, wenn ich manche Schnappschüsse vorgelegt bekomme. Beim Lachen kann ich mich noch auf Lachfältchen herausreden – aber wenn ich mein übliches Alltagsgesicht mache, von dem mein Sohn stets zu sagen pflegt, ich sehe aus, als sollte ich gleich erschossen werden, geht kein Weg mehr an der Erkenntnis vorbei: Ich werde alt!

Daß ich meine 101 Stufen bis in meine Wohnung im 5. Stock Altbau noch gut schaffe – notfalls mehrmals täglich – und auch meine jeweils sechs Kilometer zum und vom Dienst laufe oder radele, täuscht mich nicht darüber hinweg, daß gelegentlich durchgemachte und (viel öfter) durchgewachte Nächte nicht mehr durch einen zusätzlichen Mittagsschlaf abgewettert werden können. Das schlimmste aber: Ich bin so entsetzlich langsam geworden.

Auch wenn Prognosen nicht linear sind: Es ist nicht zu leugnen, es findet ein Umbau statt auf allen Gebieten: körperlich, seelisch, geistig, farblich, geschmacklich ... und mit leisem Bangen oder tiefem Grauen gucken einige von uns (immer oder gelegentlich, wenn das Barometer auf „tief" steht) in Richtung „Greisin". Die Alternative – um uns auch einmal mit der Realität zu konfrontieren – ist der frühe Tod.

Da sitzen wir nun zusammen – wir Mittfünfzigerinnen: Beim Mittwochnachmittagstee zu zweit, beim Samstagabendsalat zu dritt ... Das ist schon so seit vielen Jahren. Gewohnheiten, Riten und Rhythmen geben Stabilität und Sicherheit. Geändert hat sich wenig: Die Teesorten sind biologisch-dynamisch geworden, manchmal sogar irgendwie besonders an-, aber wenig aufregend (dafür schmecken sie auch alle nach Heu). Der leichte Weißwein ist an die Stelle des tranig fließenden schweren Roten getreten. Auch die Salatöle sind gesünder, von den Eß- und Trinkmengen ganz zu schweigen. Irgendwie ist alles feiner, sanfter, seichter geworden. Und langweiliger. Essen, Trinken, Feiern (ohne Durchmachen) entspricht den Farben der Kleidung: Pastell! Knallrot und tiefschwarz machen nur noch blaß. Kontraste sind out, es lebe (auch hier) der Weichzeichner.

Was sich am krassesten geändert hat, ist das Gesprächsthema: Statt „Männer" in allen Varianten gibt es nun „Altern". An die Stelle von Schilderungen der neuesten Flirts mit Herzbubbern sind Überlegungen zur Alten-WG getreten. Die verbale Durchsicht verbleibender oder erneut freigewordener potentieller Lover („mit 42 noch Junggeselle: nein danke!" „Na, zwei Scheidungen sind auch nicht besser") ist harten Diskussionen um eine Altenwohnung mit oder ohne Fahrstuhl gewichen. Arztpraxis gleich nebenan.

Es ist traurig, deprimierend, kränkend ... Und wenn dann ein Jungweib von nur 46 Jahren mit leuchtenden Augen von einer blauäugigen Neuerwerbung spricht, seufzen wir und versuchen uns zu erinnern, wie es denn einst war, als die Knie um 16.00 Uhr zu zittern begannen, wenn für 19.30 die Abholung an der Haustür bevorstand und der Abend noch völlig offen war. „Nein", hat kürzlich eine Freundin gesagt, „ich finde Alt*werden* furchtbar." Pause. „Aber ich möchte so gerne alt *sein!*"

Ich fand dieses Statement bemerkenswert. Erst später dämmerte mir, daß es von der Wiege bis zur Bahre kein Sein, sondern nur ein Werden gibt. Wenn wir die uns statistisch zustehenden 78 Jahre erreicht haben werden (wenn!) und wenn wir somit alt *sind, werden* wir trotzdem noch älter und älter und älter. Ab 80 dürfen wir uns dann „Greisin" nennen – ein grauenhaftes Wort. Ich assoziiere dieses Wort mit einer grauen Versteinerung, die von Spinnweben überzogen reglos dasitzt und mit leeren Augen in eine nicht vorhandene Ferne blickt, bis sie zu Staub zerfällt ... (so etwa wie die „Mutter" in Hitchcocks „Psycho"!).

Daß ich 86 Jahre alt werden würde, hatte ich an meinem 43. Geburtstag beschlossen. Ich fand damals die Halbzeit so schön. Wie diese 86 aussehen sollten, habe ich mir nicht überlegt. Und mir fehlte auch die Anschauung im Alltag. Irgendwie scheine ich das Gefühl gehabt zu haben, daß alles so weitergeht wie bisher – nur ohne die Nervereien von Mann, Kind, Chef, Beruf, Haushalt, Garten, Katzen ... Also schlicht: wie im Paradies.

Und wie sehen sie nun wirklich aus, die 86jährigen??

> „Und deshalb, meine Freundin, sage ich, wenn wir denn sterben müssen, so laß uns handelnd sterben und nicht im Sitzen."
> (Velma Wallis: „Zwei alte Frauen")

Dieses Buch schreibe ich für Frauen jeden Alters: Für die über Achtzigjährigen, die einmal sehen wollen, was ihre Altersgenossinnen so treiben; für die Frauen in Umbruchzeit, Krise, „Wechseljahren", midlife, die teilweise mit Angst und Schrecken auf „das Alter" und die damit verbundenen Probleme blicken; für junge Frauen, die noch sehr unbedarft mit dem Thema umgehen, weil es für sie noch sooo weit entfernt ist – und für alle Frauen „dazwischen", die einfach Lust darauf haben, sich mit Frauenleben zu beschäftigen.

Altern ist ein biologischer Vorgang, den niemand aufhalten kann. Der Mensch wird geboren und altert – aber *wie* er altert, das kann er beeinflussen. Jeder Mensch kann in bezug auf Ernährung, Bewegung, Ruhe und Schlaf, Körperpflege und Suchtverhalten seinen Körper steuern, ihn modellieren, ihn pflegen oder ihn vor die Hunde gehen lassen. Das gleiche gilt für seine Seele.

Altern ist aber auch ein psychosozialer Vorgang. Ihn zu beeinflussen ist weitaus schwieriger. Die Entscheidung für frische Salate contra Schweinehaxe, für Spaziergang contra Fernsehsessel, für Kräutertee statt Schlaftablette ist einfacher zu treffen als die Entscheidung, mit *wem* ich *was* unternehme oder *für wen* ich *was* tue.

Mich alleine kann ich jederzeit und nach Belieben „bewegen", zu einem sozialen Miteinander aber gehören zwei oder mehr Menschen. Die immer stärker um sich greifende Vereinsamung alter (und junger!) Menschen wird heute wie ein unabwendbares Schicksal beklagt, das unsere Zeit heimsucht. Niemand scheint von dieser Not verschont zu bleiben – niemand außer denen, die sich anderen Menschen widmen.

Die alten Frauen, mit denen ich gesprochen habe, hatten alle eines gemeinsam: Sie sind aktiv – im pädagogischen, politischen, kulturellen, kirchlichen ... Bereich. Sie stellen ihre Arbeitskraft, ihre Zeit, ihre Phantasie, ihr Know-how, ihre jahrzehntelangen Erfahrungen zur Verfügung. Sie halten – und das scheint mir für meine Generation so wichtig – mit ihrem Können nicht hinterm Berge. Selbstbewußt bieten sie sich und ihre Arbeit an und wissen, was sie selber und ihr Tun wert ist. („Ich leiste seit über 40 Jahren eine hervorragende Arbeit in der Gemeinde", sagt Frau Dr. Henkel, und es gibt sicher niemanden, der ihr das nicht glauben würde.)

Sie warten nicht darauf, daß sie jemand „findet" und fragt und braucht ... sie sind da und sagen: „Das kann ich, das möchte ich euch anbieten!" Wichtig scheint mir die einheitliche Aussage aller Frauen: „Man muß früh genug beginnen!"

Keine von diesen Frauen „begann" mit dem, was sie heute tut, erst im Rentenalter. Für die meisten bot sich ein organischer Übergang an. „So richtig habe ich gar nicht gemerkt, daß ich in Rente ging. Eigentlich ging alles so weiter, wie es schon über viele Jahre gelaufen war", sagt Ilse Loesch über ihre Tanz- und Körperarbeit, die sie heute als knapp 90jährige noch in Kindergärten und Schulen anbietet. Ähnlich ist es bei allen anderen Frauen gewesen – sie zogen ihre Hobbys, ihre Aufgaben, Verpflichtungen, Ehrenämter ... aus der aktiven Berufs- und Familienphase in das Renten- und hohe Alter hinüber. Es gab mit einer Ausnahme keine „Brüche" in der Biographie, als es um das „Altwerden" ging.

Das bedeutet, daß Frauen in der Lebensmitte (oder ehrlichkeitshalber: im Übergang von der zweiten in die dritte Lebensphase) sich sehr genau überlegen müssen, was sie von ihren Freizeitbeschäftigungen und/oder Berufsaufgaben in ihren „Ruhestand" hinübernehmen können, damit aus ihm ein lebhafter und lebbarer Unruhestand wird.

Das (bei vielen Alten oft hektische!) Reisen durch die ganze Welt *alleine* kann es nicht sein! Körperliche Beweglichkeit, nicht beeinflußbare gesundheitliche Zustände und für die Zukunft nicht berechenbare Renten könnten einem solchen Plan ein schnelles Ende bereiten. Außerdem: Was geschieht *zwischen* den Reisen? Und: *Was gibt es noch für andere Menschen aller Al-*

tersstufen anzubieten und aus dem eigenen Leben weiterzugeben?

> „Der Körper braucht Nahrung, aber die Seele braucht Menschen."
> (Velma Wallis: „Zwei alte Frauen")

Die Idee zu diesem Buch …

Die Idee zu diesem Buch kam mir durch Frau Dr. Henkel, genannt „Mama Lore", diese wunderbare alte Frau, die zu einer Zeit meine Lebensbahn kreuzte, als ich Ausschau hielt nach neuen Ufern. Natürlich war es nur „Zufall"! Aber wie sehr ich „Zufälle" liebe – vor allem dann, wenn sie mir Menschen bescheren!

Hinter diesem Zufall und der selektiven Wahrnehmung besonders alter Frauen stand natürlich das Dauerthema *meiner* Generation: Wie wird es sein, wenn ich alt bin? Wo werde ich leben? Wie werde ich leben? Mit wem? Werde ich noch „können", oder bin ich dann auf fremde Hilfe angewiesen? Wie wird mit mir umgegangen werden? …

Sie ist nicht zu überhören, die gelegentliche Panik meiner Altersgenossinnen – vor allem dann nicht, wenn wieder einmal die allfällige Alten-Diskussion über die Fernsehscheiben flimmert, die Zeitungs- und Zeitschriftenseiten füllt und Pflegeskandale uns alle aufschrecken lassen.

Folge ich dieser Diskussion, dann gibt es für das Altwerden und -sein nur zwei Alternativen: auf Mallorca in Saus und Braus die übermäßig hohen (Doppel- und Dreifach-)Renten auf Kosten der jungen und zahlenden Generation zu verbraten oder in überteuerten, schlecht geführten, an qualifiziertem Personal mangelnden Pflegeheimen dahinzuvegetieren: ohne Zuwendung, ohne Liebe, ohne Würde, dem bitteren und einsamen Ende entgegenhoffend. Aber auch diese Alten sind zu teuer, für die Jungen zu belastend, für die Volkswirtschaft untragbar.

Dazwischen? Nichts!

Daß es diese beiden Gruppen gibt, ist unbestritten, daß sie zusammen nicht einmal 10 % der über 65jährigen ausmachen, scheint unbekannt. Alte reden und schreiben (fast) nicht, über Alte *wird* geredet und geschrieben. Die Inhalte und Zuschreibungen sind wenig vertrauenserweckend, und daß meine Generation mit Sorge in die Zukunft blickt, ist verständlich. Vom „Krieg der Generationen" ist die Rede; von den egoistischen Alten, die den Jungen die Lebensbasis nehmen (weil sie zu teuer sind); vom „Altenberg", weil's ihrer zu viele geben wird; vom Lohnen oder Nicht-Lohnen, von der Wirtschaftlichkeit medizinischer Maßnahmen (im Hinblick auf das Bruttosozialprodukt!); vom „Altentilg", der vorzeitigen Beendigung des Lebens – euphemistisch als passive Euthanasie („der schöne Tod") gepriesen – im Hinterkopf die Kosteneinsparungen ...

Gelegentlich werfen sich Autoren und Journalisten in das Meinungsgedränge zwecks (scheinbarer) Ehrenrettung der Alten. Sie rechnen dem verblüfften Leser dann vor, über welche Kaufkraft alte Menschen verfügen – ob im benachbarten Bäckerladen, der Kaufhauskette oder dem internationalen Tourismusgeschäft. Alte sind ein Wirtschaftsfaktor (ebenso wie Kinder und Ausländer), wenn die Diskussion über Probleme stagniert und man diesen Menschengruppen wenigstens noch etwas Positives abgewinnen will. Dieser Materialismus übersieht aber Wesentliches:

Alte als Kulturträger, als Bewahrer von (altem) Wissen und Können, als Menschen mit unschätzbaren Erfahrungen, Zeit, Geduld, Lebensklugheit, mit Treue zu den noch verbleibenden Menschen, zur eigenen Tätigkeit und den eigenen Auffassungen, als Menschen ohne Hast und Hetze, ohne Schielen nach Macht, ohne Tricks beim Ausschalten mißliebiger Konkurrenten, ohne Lavieren je nach Bedarf ... kommen in der Diskussion nicht vor! Daß alte Menschen einen Wert in sich haben, scheint verlorengegangen zu sein. Wie wichtig und wertvoll sie in ihrem Tun für ihre Allgemeinheit, in ihrem Engagement und in ihrem Dasein für andere sind, ist weitgehend unbekannt.

Wenn ich von meinem Buch erzählte, von den Interviewreisen, von diesen wunderbaren, lebendigen, engagierten alten Frauen, erntete ich stets Erstaunen, Verwunderung, beschwichtigendes Lächeln. Ein junger Mann brachte es auf den Punkt: „Alte Frauen gehörten ins Altersheim. Was anders kann ich mir nicht vorstellen!"

„Meine" Alten sind nicht im Altersheim – und sie sind allesamt weit entfernt davon, auch nur daran zu denken. Dazu haben sie nämlich gar keine Zeit. Sie sind beschäftigt, aktiv, schwer zu erreichen („Am besten rufst du zwischen 8 und 9 Uhr morgens oder nach 22 Uhr an, da bin ich am ehesten zu Hause"), und sie sind „wichtig" – nicht, weil sie sich wichtig finden, sondern weil sie wichtige Arbeit tun, die niemand anderer tun will und vor allem nicht tun kann.

„Tolle alte Weiber?"

Noch bevor ich den ersten Buchstaben für dieses Buch zu Papier gebracht hatte, war mir diese schöne Formulierung eingefallen! Sie sollte meine ganze Bewunderung ausdrücken – sozusagen eine Liebeserklärung sein –, aber damit bin ich leider bei „meinen" alten Frauen nicht gut angekommen. Diese Formulierung fand nur eine „gar nicht so schlecht". Die anderen wollten nicht „toll" sein. Darunter stellten sie sich etwas eher Exzentrisches vor, etwas Verrücktes und Unsolides – sogar im Hinblick auf Sexualität. Und „Weiber"? Nein befand eine, dieser Begriff sei wegen seiner negativen Wertung ja sogar schon aus dem „Gegrüßet seist du Maria ..." herausgenommen und gegen „Frauen" ausgetauscht worden. Das solle man doch ruhig einmal berücksichtigen ...

Aber sie versprachen alle, über eine bessere, solide und dennoch aussagefähige Formulierung nachzudenken. Weil ich aber an dieser Formulierung immer noch so hänge, werde ich sie ab und zu im Text verwenden. Meine Bewunderung ist im Laufe der Arbeit, im Laufe der Interviews und im Laufe der vielen Briefe und Telefonate nur noch gewachsen. Und so soll auch dieses Buch insgesamt eine Liebeserklärung an diese „wunderbaren alten Frauen", diese „tollen alten Weiber" sein!

Die biographischen Skizzen und die Schilderungen der Aktivitäten „meiner" Frauen zwischen 80 und 93 Jahren sollen aufzeigen, *was wie* möglich ist, wie sie vorbereitet wurden oder sich selber vorbereiteten und wie frau durch vollen Einsatz bis ins hohe Alter „im Leben bleiben" kann.

„Ich rede immer als Letzte, wenn all die bedeutenden Männer sich ausgequasselt haben."

(Dr. Lore Henkel, 84 Jahre alt)

Gerade komme ich von einem Besuch bei „Mama Lore". Sie hat mir – mit leisem Spott – mein Grün- und Gemüsefutter zum Tee serviert, hat mir ihren blühenden Garten vorgeführt, die gemütlichste aller Gesundheitsliegen in den Schatten gerückt und mich ein Viertelstündchen meine müden Augen schließen lassen. Sie hat mich – wie immer – „mein kleines Töchterlein" genannt (ich bin ca. 40 cm länger als sie) und abschließend ihre Turn- und Streckübungen am Reck vorgeführt, das in den Rahmen ihrer Küchentür gespannt ist. „Nachmachen" sollte ich die Übungen – aber der Zustand meiner morschen Knochen ließ diese Tortur nicht zu. „Manche Leute bekommen ja nicht einmal die Arme über den Kopf", hat sie mit tiefer Verwunderung ausgerufen – und mir dabei ins Gedächtnis gerufen, daß mir meine Dachrinnenreinigung vor fünf Jahren auch noch leichter fiel und mir meine Arme neuerdings deutlich kürzer erscheinen.

Wie immer bin ich nach Haus gegangen – mit Wehmut, wenn ich von ihr komme. Wenn ich bei „Mama Lore" – bin, bin ich zuhause, fühle mich wohl, lasse mich fallen (nicht gehen) und habe das Gefühl, angekommen zu sein. Diesmal habe ich es ihr gesagt, ohne mich zu genieren.

Die Begegnung mit Frau Dr. Lore Henkel – genannt Mama Lore – war denkwürdig. Sie liegt zwei Jahre zurück, die mir wie zwanzig scheinen, wenn ich die Qualität unserer Beziehung bedenke und die vielen Besuche, Telefonate, Gespräche, Aktionen …

Der Anlaß war eine stattliche Summe Geldes, die nach Afrika transferiert werden sollte – nicht überwiesen, sondern persönlich überbracht, um menschliche Kontakte zu pflegen. „Wer würde das Geld nach Malawi bringen?" lautete die Frage in einer kirchlichen Vorstandssitzung. Es folgt das bekannte Schweigen, bei dem jeder in eine andere Richtung blickt.

Malawi? Keine Ahnung wo das liegt – aber ich, immer auf der Suche nach einem „Anruf" des Schicksals, der mich auf eine neue Schiene für mein letztes Lebensdrittel setzen würde –, hörte es klingeln. Mann fort, Sohn auf See, das Leben dümpelt müde vor sich hin. „Gut, ich übernehme es", sagte ich, ging heim und schlug den Atlas auf, um zu sehen, wohin es mich verschlagen würde. „Da gibt es eine ehemalige alte Ratsherrin, die hat seit Jahrzehnten Kontakte nach Malawi, setzen Sie sich mit ihr mal in Verbindung. Sie kann Ihnen alle Fragen beantworten. Sie muß aber schon so um die siebzig sein oder sogar darüber."

Sie war nicht „um die siebzig", sie war 82 – und als ich sie das erste Mal anrief und ihr mein Anliegen vortrug, fragte sie etwas unwirsch, wie alt ich denn sei. Meine (damals) 53 Jahre beruhigten sie. Ich hätte eine so sehr junge Stimme, und diese Arbeit könne man so jung nicht tun!

So begann das Abenteuer Malawi und das Abenteuer Mama Lore für mich. „Mama Lore" ist ihr afrikanischer Ehrentitel, unter dem sie auch in Deutschland bekannt ist. Beraten wollte sie mich gerne – aber noch lieber wollte sie gleich zur Tat schreiten. Ihr nächster Besuch in Malawi/Zentralafrika stünde gerade bevor, und meine Begleitung käme ihr sehr recht, schließlich sei sie nicht mehr die Jüngste, und zu zweit mache es auch mehr Spaß. Meine zunächst gelinde Skepsis wuchs mit jeder Landesinformation, mit jedem Fakt über dieses Land (neun Zahnärzte bei einer Nord-Süd-Ausdehnung wie der Bundesrepublik Deutschland), mit jedem liebevollen Spott eines alten Freundes, der seit dreißig Jahren für die Entwicklungshilfe arbeitet und mich für die allerungeeignetste Person für so einen Trip hielt, die je auf Gottes Erdenrund wandelte. Als mich scheinbar nichts abhielt, versprach er, mir einen Hahn im Morgengrauen zu opfern (Hals abschneiden und das Blut in alle vier Richtungen versprühen ...), damit die Götter mir wohl gesonnen seien und mir kein Leid geschähe.

Mulmig wurde mir dann, als ich mich mit den diversen Impfungen beschäftigte und jedes deutsche Tropeninstitut mir über Malariaprophylaxe andere Informationen zukommen ließ. Von „da passiert gar nichts" bis „tagelange Wahnvorstellungen" reichte die Skala. Mama Lore wußte von all dem nach dreißig Jahren Malawi und Malaria nichts zu berichten!

Aber noch mulmiger wurde mir, als Mama Lore verkündete, wir würden so bald wie möglich fahren: Februar! Das bedeute Regenzeit: 45 Grad Tagestemperatur bei 90–95 % Luftfeuchtigkeit. Sie wolle – wie immer – das Land grün sehen. Im Sommer – dort Winter – wäre alles trocken und braun und trostlos. Hitze, Nässe, Malaria-Tabletten, Durchfälle und ähnliche Unannehmlichkeiten ließen sie völlig kalt.

Danach rückte sie bei mir an, um mich in der Kleiderfrage zu beraten. Neuerdings – seit dem Regimewechsel – dürfte ich als Frau dort auch Hosen tragen, aber Kleider wären für alle möglichen offiziellen Anlässe unerläßlich. Sie ließ mich meinen Kleiderschrank öffnen und nahm sich Stück für Stück Garderobe aus dem Schrank: „Das ist Synthetik, das ist zu heiß, da schwitzt du zu sehr ... Das hier ist zu eng über der Brust, du brauchst Weite, damit Luft reinkommt ... Das geht gut hier, das hält auch die Moskitos ab ... Aus diesem Stoff kannst du dir ein schönes Kleid nähen ... Was du kannst nicht? Macht nichts, ich habe da meinen Nähclub, die machen das für dich ...“ Das Schuhwerk wurde ebenso besichtigt wie Tücher, Accessoires, Reisetasche und dann, als ich schon völlig abgeschlafft war, erklärte sie, nun schnell gehen zu müssen, denn sie habe gleich noch einen Vortrag über Malawi in einer Schule. Sprach es, verschwand Richtung U-Bahn-Schacht und ließ mich verblüfft und ermattet zurück. So sollte es noch öfter sein.

Gänzlich aufregend wurde es, als sie eines Tages fand, wir brauchten „einen jungen Mann zum Chauffieren und Koffer tragen“. Sie würde sich mal umschauen. Schließlich sei sie alt, und ich hätte Rückenprobleme. Ein paar Wochen später war er gefunden – und bei mir wurde es langsam kritisch.

Dann ging es in die Detailplanung: Vor mehr als 30 Jahren hatte Frau Dr. Henkel mit ihrem Ehemann zusammen eine Schule in Malawi gegründet. Der damalige Ministerpräsident befand die Städte als mit Schulen einigermaßen versorgt und teilte ihnen den letzten Zipfel des Landes zu – eingezwängt zwischen dem Malawi-See und der Landesgrenze zu Mosambique –, erreichbar nur in der Trockenzeit, Lehmpisten statt Straßen, bei Regen viele Monate abgeschnitten vom Rest der Welt. Sie bauten, sie vergrößerten, sie betreuten die Schule. Als Mama Lores „Willi" starb, führte sie die Arbeit alleine weiter. Ihre Kontakte gingen weit über Besprechungen mit dem Headmaster der Schule hinaus. Minister, Staatssekretäre, der Ministerpräsident, die Bürger- und Oberbürgermeister der großen Städte ..., niemand konnte sich ihr entziehen, und wohin sie kam, war sie ein hochwillkommener und geehrter Gast. Etwa alle drei Jahre flog sie zu „ihrer" Schule, besichtigte sie, sprach mit den Kindern, überprüfte die Buchführung, ging neue Anträge auf Anbauten und Renovierungen durch, verhandelte über die Nutzung einer kleinen, nahegelegenen Kirche als weiteren Schulraum ... und führte dazu in Hannover einen Freundeskreis an, der mit Sympathie, Zuwendung und Geld die Arbeit trug. Basare, Vorträge in Schulen, Betteleien um Geld bei der Stadtverwaltung ... immer in Bewegung für „mein kleines Malawi".

„Wie kommen wir denn in der Regenzeit in deine Schule, wenn dort keine Allwetterstraße hinführt?" fragte ich leicht irritiert. Der Staat habe noch einen alten Helikopter, erklärte sie mir. Den habe Deutschland vor über 30 Jahren zur Verfügung gestellt, und der täte es noch. Da würden wir von Monkey Bay zur Schule über den See fliegen.

„Mit einem so alten Helikopter? Und wenn der abstürzt?"

Völlig irritiert blickte sie mich an: „Ich denke, du kannst schwimmen?"

„Ja, in dem See gibt es aber doch Hippos und Krokodile!"

Locker winkte sie ab: „Die sind nur in Ufernähe. Du mußt nur in der Mitte des Sees bleiben. Und irgendwann wirst du auch gerettet. Die suchen uns doch dann."

Sehr beruhigend! Aber: Wo ist die Mitte eines Sees, der 800 Kilometer lang und 80 Kilometer breit ist?

Immer wieder hatte ich das Gefühl, daß Mama Lore mich Küken einigermaßen belustigt betrachtete: ängstlich, auf Sicherheit bedacht, mein Leben liebend und verteidigend. Nicht, daß sie mich nicht ernst nahm, aber was sind schon klapprige Helikopter, Flußpferde, Überschwemmungen, Krokodile …, gegen die Abenteuer Afrikas und des Lebens?

Schon gingen die Faxe hin und her, die gemeinsame Reise nahm konkrete Formen an, da schlug meine stets wunderbar funktionierende Psychosomatik zu: Ein vereiterter Oberkiefer, eine Operation, eine Folgeoperation, massenhaft Antibiotika und das strikte Arztverbot, mich ins naß-heiße Afrika zu stürzen, machten dem gemeinsamen Abenteuer ein schnelles Ende. Leider. Gott sei Dank.

Mama Lore – inzwischen knapp 83 Jahre alt – flog solo, allerdings mit ihrem jungen Kofferträger, der auch nicht mehr das war, was junge Männer früher einmal waren. Irgendwie schaffte sie es, mir von einem der rund ein Dutzend Faxgeräte des Landes, die immer nur dann funktionieren, wenn nicht gerade Stromausfall oder andere Katastrophen stattfinden, ein Fax von ihrer Reise zu senden: „... das Programm bricht täglich zusammen; 1. wegen Überladung, 2. wegen der Überschwemmungskatastrophen im ganzen Land. Wir bleiben im Schlamm stecken und warten stundenlang vor ehemaligen Brücken ... Noch steht Programm vor uns: Die Stadt Blantyre, der Präsident und kleine Pflichten. Immerhin Streß." Immerhin! Wenn schon sonst nichts stattfindet! Daß der Wagen mit Vierradantrieb ab und zu mal aus dem Schlamm geschoben werden mußte, erzählte sie später. Und daß der letzte Helikopter des Landes kurz vor ihrer Ankunft den Geist aufgegeben hatte, erfuhr ich auch. Aber auch das schreckte sie nicht. Immerhin hatte der Staat vor 35 Jahren auch zwei Polizeiboote bekommen, von denen eins noch existierte. So wurde sie mehrere Stunden lang mit diesem Boot übergesetzt. Die Photos ließen mein Blut in den Adern gerinnen: Rost, Löcher, Bindfäden als Halterungen ... und mittendrin und obenauf eine lachende alte Dame in schickem, ärmellosen Kleid, umrahmt von strahlenden schwarzen Ministern und sonstigen wichtigen Männern.

Als sie zurückkam, war sie topfit wie immer und begann sofort alles zu bewegen, was bewegt sein muß, wenn man erneut Geld organisieren will für „mein liebes Malawi".

Frau Dr. Henkels Biographie ist eindrucksvoll. Höre ich ihr zu, habe ich den Eindruck, daß ihr Leben allerdings erst begann, als sie ihren Mann, ihren Willi kennenlernte. Er war 17 Jahre älter als sie und noch verheiratet, als sie sich trafen. Er war ihre erste und einzige und große Liebe. Vor über zehn Jahren verstarb er mit 91 Jahren, aber wenn sie von ihm erzählt, strahlen ihre Augen. Nein, vorher und nachher gab es keinen – wie auch? Er war der Absolute, und lachend sagt sie dann: „Nach 50 Jahren aktiver politischer Arbeit kennt man die Männer!" Sie macht keinen Hehl draus, *wie!*

Ihr Mann stammte aus der Jugendbewegung, war aktiver Wandervogel gewesen und hatte als solcher schon in frühen Jahren ein großes politisches Verantwortungsgefühl.

„Er hat mir sofort das Leben und die Politik beigebracht. Davor habe ich nur das gelesen, was höhere Töchter damals halt so gelesen haben. Aber bei ihm ging es gleich los mit ‚der Staat', Entwicklung der Menschheit, Psychologie, Ursprung der Macht und der Freiheit und all so was. Er hat bei mir ein Vakuum gefüllt. Davon lebe ich mit meiner politischen Arbeit noch heute. Willi war aktiver Genosse (SPD). Politisch war er für andere schwer zu ertragen. Er war sehr fordernd, sehr scharf und korrekt, was das Grundgesetz betraf. Er hatte ein großes Vertrauen in das Grundgesetz und ins Bundesverfassungsgericht. So: ... neue Zeit . . : nie wieder Krieg. Er wollte sich und anderen nicht erlauben, zu schlampen. Das war die Einstellung der Wandervögel! Sehr gradlinig, korrekt, überhaupt nicht korrupt. So eine gewisse Gesinnungssauberkeit. Er hat kein Blatt vor den Mund genommen – auch nicht in der Familie …"

Ich erhalte Einblick in politische Interna der letzten 50 Jahre, Dinge, von denen es besser ist, wenn sie nicht bekannt werden. Aber eigentlich – so stelle ich fest – kennt Frau Dr. Henkel neben „mein kleines Malawi" vor allem ein Thema: Willi. Immer wieder muß ich sie im Gespräch umleiten: Und was hast *du* gemacht?

Bevor sie berichtet, händigt sie mir ihren offiziellen Lebenslauf aus:

1914	geboren in Gleiwitz, Oberschlesien
1934	Abitur, soziales Praktikum, kaufmännische Lehre, Berufstätigkeit als Stenotypistin und Sachbearbeiterin in Dessau, Chemnitz und Dresden. Anschließend Studium der Wirtschaftswissenschaften, gleichzeitig wissenschaftliche Hilfsassistentin. Forschungsauftrag der Reichsarbeitsgemeinschaft für Raumforschung.
1943	Diplomprüfung als Volkswirtin

Aber dann erzählt sie, wie es weiterging:

„1946 kamen wir verheiratet zurück nach Hannover. Mein Mann fing gleich wieder mit der Parteipolitik an. Er war Lehrer, war politisch verfolgt und 1933 aus dem Staatsdienst entfernt worden. In Hannover gab es eine alte kultivierte Dame, die fand mich reizend und schlug mich für den Parteivorstand vor. Da habe ich dann intensiv mitgearbeitet. Wir haben damals vier vollarbeitende Parteiabteilungen, und ich habe Sitzungen gemacht, Frauen unterrichtet, ja und in der Gewerkschaftsschule habe ich Unterricht gegeben. Dort redete ich vor gestandenen politischen Kämpfern, von denen viele dem Nazi-Terror knapp entkommen waren. Für diese Seminare gab es auch Honorar. Fest angestellt war ich nicht, auch nicht versichert. Nach mehr als 50 Jahren Politik und Parteiarbeit habe ich keine eigene Rente. Nur das Bundesverdienstkreuz und eine kleine Bronze-Plakette habe ich bekommen. Beides ist nicht mit Geld oder Geldwerten verbunden.

Und dann haben sie mich für Bonn entdeckt. 1959 kam das Godesberger Programm nach fünf Jahren Vorbereitung. Ich habe mitgearbeitet für die Kommunalpolitik als stellvertretende Kommissionsvorsitzende und Willi hat Kulturpolitik gemacht. Gewerkschaft, Partei, in Bonn in zwei großen Gremien und hier in Hannover Ratsherrin. Ich hatte schon 1948 kandidiert. 1951 kam ich dann in den Rat. 21 Jahre lang war ich Ratsherrin.

Nebenbei haben wir den Deutschen Hausfrauenbund aufgebaut – erst in Hannover und dann in ganz Deutschland gab es Verbraucherzentralen, die 1964 daraus hervorgingen. Es ging erstmal um den Beruf der Hausfrau. Wir haben den Aufbau des Haushaltes wissenschaftlich untersucht. Wir haben das Rennen der Hausfrau in der Küche beobachtet – aber bis heute gibt es immer noch keinen vernünftigen Küchenstuhl! …"

Ich kann mich beim Gespräch eines Lachens nicht erwehren. Als ich die Schule beendet hatte, zwang meine Mutter mich in die Frauenfachschule mit der Begründung „damit dein armer Mann später nicht immer nur Bratkartoffeln essen muß"! Es war nicht nur einer der Alpträume meiner Jugendjahre, sondern völlig fehlgeplant: Meines Mannes Lieblingsspeise waren 15 Jahre später dann Bratkartoffeln! Aber hier in diesem Gespräch erfahre ich nun, wer uns armen Schülerinnen das Bohnenabziehen nach REFA-Methoden eingebrockt hatte: Die Begründerinnen des Hausfrauenverbandes! Ich erzähle es Mama Lore, und wir haben viel Spaß bei meinen Schilderungen, wie das Fäden ziehen bei Schnippelbohnen durch ihre wissenschaftliche Durchleuchtung zu meiner frühen Bildung beigetragen hat: Linke Hand ergreift Messer, rechte Hand ergreift Bohne ... oder war es umgekehrt?

„Aber wie kamst du denn dann auf Malawi?"

„Als junge Ratsherrin waren wir zur Schulung über Kommunalpolitik. Im gleichen Haus schulte dort die Gewerkschaft der Eisenbahner eine Gruppe junger Afrikaner. Plötzlich trat einer von denen an unseren Tisch und sagte zu uns, wir sollten doch auch mal afrikanische Frauen nach Deutschland einladen, damit die Männer in Afrika Partnerinnen für ihre Arbeit hätten! Ein Macho aus Afrika! Also toll: Artikel 3 Grundgesetz! Und weißt du, wer das war? R. S.! (Sie läßt die Überraschung bei mir wirken. R. S. ist seit Jahren Minister in Malawi und war für eine Woche mein Gastgeber und Begleiter, als ich wegen meiner finanziellen Transaktion dort hingereist war.) Wir kämpfen also als Frauen 1962 um den Artikel 3 Grundgesetz – Gleichberechtigung der Frau –, und da kommen die Afrikaner und sagen uns, was wir tun sollen! Wir fanden das einfach toll!

Und wer lädt nun die Frauen ein? Natürlich hieß es gleich: Lore, du? Große Klappe und so! Da habe ich dem R. S. gesagt: ‚Komm nach Hannover' und bin am nächsten Morgen mit ihm zum Oberbürgermeister gegangen. Der OB war damals ein Herzchen, ein einfacher und ganz korrekter Mensch! Der fragte uns, was wollen wir machen? Und wir sagten: Krankenschwesternausbildung. Wie viele? Zehn! Wann kommen sie? Gut, das macht dann das Oststadt-Krankenhaus! … So einfach ging das damals.

Der deutsche Konsul in Malawi und R. S. haben die komplizierte Sache dann geregelt. Malawi wurde erst 1964 selbständig (bis dahin war das Gebiet britisches Protektorat – Sw.). Dort wurden dann landesweit die zehn besten Hebammen Malawis ausgesucht und kamen her. Frau Dr. Müller vom Deutschen Hausfrauenbund hat die Probleme für die ersten drei Monate mit den so fremden jungen Frauen gelöst. Deswegen ist es auch so wichtig, wenn man *überall* mitmacht! Wir brauchten zehn Haushalte, die sich verpflichteten, die jungen Frauen aufzunehmen, sie Deutsch zu lehren und ihnen den Haushalt beizubringen. Kostenlos natürlich. Und das hat geklappt! Die Frauen waren fest in diese Familien eingebunden und haben zum Teil heute noch Kontakt zu ihnen.

Ab September 1964 nahmen sie dann für drei Jahre an der Schwesternausbildung teil und haben am Ende alle bestanden. Als die Mädchen hier waren – 1964 bis 1967 – waren Willi und ich 1965 das erste Mal in Malawi. Der erste deutsche Botschafter, Dr. Johannes Balser, nahm uns sofort in Beschlag. Wir bleiben vierzehn Tage. Er ging mit uns zum Präsidenten, zu Bürgermeistern, Häuptlingen und Medizinfrauen. Wir besuchten die Familien unserer zehn Hebammen und konnten sie über das Wohlergehen ihrer Kinder beruhigen. Anschließend wurden wir dann um eine Städtepartnerschaft gebeten und 1967 kam der Bürgermeister von Blantyre zu Besuch nach Hannover, und ein Jahr darauf fuhr ein Bürgermeister von uns runter und unterzeichnete die Partnerschaftsurkunde. So ist die größte Stadt Malawis Partnerstadt von Hannover geworden, und dabei haben wir der deutschen Außenpolitik assistiert. Meine Feinde in der Partei haben damals geschrien: Der Krug geht so lange zum Brunnen, bis der *Henkel* bricht!

Die hatten immer Schwierigkeiten mit mir. Die alten Damen sagten: Wir wollen ja gerne helfen, aber mit Politik wollen wir nichts zu tun haben. Und dann war ich für alle die Lore Henkel mit den lackierten Wimpern, die eingebildete Ziege mit Parfüm hinterm Ohr, und 1951 war ich schon zur ersten Konferenz in Paris – das hat manchen bei uns in der Partei nicht gepaßt!"

„Du hast ja immer noch Probleme mit Frauen. Warum eigentlich?"

„Mich halten insbesondere die Funktionärinnen in Politik und Verbänden schnell für Konkurrenz: zu autonom, zu stark, zu laut und zu schnell. Noch immer. (Ich muß lachen. In Malawi haben sie – voller Ehrfurcht und Bewunderung – Frau Dr. Henkel als ‚so anstrengend' bezeichnet!) Also wenn der Protokollchef sagt, Lore, du siehst heute wieder hinreißend aus, du bist heute besonders gut drauf ... na, ja! Eigentlich laufe ich durch mein Alter doch völlig außer Konkurrenz: mit 84 gegen 40jährige. Frauen meinen, ich sollte mich mehr zurückhalten. Ich kenne die weiblichen Machenschaften, das Theater, das wir Frauen vor Männern so gerne machen. Wenn ich nicht aufpasse, werde ich leicht zum Mittelpunkt des Gesprächs, weil mir auch immer mal ein Witz einfällt oder so eine schöne Formulierung. Aber das geht eben nicht, wenn Frauen dabei sind. Es tut mir leid (ihre lachenden Augen strafen sie Lügen!), das weiß ich aber erst seit einiger Zeit. Ich bin nicht sparsam mit Komplimenten für Männer. Also der H., der mich so toll findet, der wirklich charmant ist ... Ich finde ihn auch toll! Warum auch nicht? Ich höre zu mit ganz großen Augen, gucke die Männer aufmerksam und teilnehmend an, so daß sie denken, ich höre ihnen wirklich zu ... Weißt du, früher habe ich auch mit Genuß Hüte getragen. Die standen mir einfach. Da gab es dann immer Kommentare: SPD-Frau mit Hut, also das gibt es doch nicht ..."

Sie betrachtet mich: „Dir müßten Hüte doch auch gut stehen – aber nein, das geht nicht, da kriegen Männer Angst vor dir, weil sie doch alle so klein sind. Früher war ich berühmt als Hutträgerin. Ich habe viel Geld für Hüte ausgegeben. Aber das hat sich gelegt. Das geht wegen der Haare nicht mehr. Früher hatte ich alles glatt und lang mit Knoten, aber heute – weißt du –, weil da all die künstlichen Locken sind, die so duftig und locker und jugendlich (!) (sie lacht laut) sein sollen, da kann ich doch keine Hüte drauf drücken."

„Zurück nach Malawi! Was tust du derzeit alles?"

„Das Wichtigste ist immer noch: Wie komme ich an Geld? Wie soll ich zu Geld für die Schule kommen, wenn ich nicht in einer Runde jemanden so beeindrucke, daß er was rausrückt? Ich könnte mich ja jetzt gemütlich zurücklehnen, aber das kann ich doch nicht wegen der 2000 Kinder, die die Schule inzwischen hat. Ich *kann* nicht aufhören. Jemand anderes macht es doch nicht. Wir haben es in der Schule von 300 Schülern in einer Grasbude auf 2000 Schüler mit schön gebauten Klassenräumen und einem Hauswirtschaftsblock gebracht. Das hat Geld gekostet, und es kostet noch, und es muß unterhalten werden. Jetzt müssen wir Latrinen für 1500 Kinder bauen, bis jetzt haben sie nur 10 kleine Klos. Das reicht nicht. Obwohl sie ja nicht soviel aufs Klo brauchen, weil sie nicht viel zu essen haben; und gutes Wasser haben sie zu Hause auch nicht. Die trinken sich an unserem Brunnen erstmal satt, wenn sie in die Schule kommen.

Ich weiß nie mit Sicherheit, wie ich an Geld kommen soll. Obwohl die Leute bei mir wissen, daß das Geld ankommt. Guck dir doch mal die großen Organisationen an mit ihren hoch bezahlten Entwicklungshelfern, die neben ihren hohen Gehältern auch Auslandsbonbons bekommen und das Geld für die Hin- und Rückreise plus Urlaubsfahrten. Da geht wahnsinnig viel Geld drauf. Und die Villen, in denen die Organisationen hausen! Die eine Organisation ist ja schon einmal erwischt worden, weil sie 60 % für ihre Verwaltung und ihre Riesenautos verwendet haben.

Ich habe da eine Frau in Berlin – sie ist ‚schwarzes Besatzungskind' –, die spendet mit ihrem Mann jeden Tag eine DM, also 700,– DM pro Jahr. Eine Nachbarin zahlt jeden Monat 20,– DM, und andere Nachbarn habe ich regelmäßig erpreßt, weil sie doch so oft in Urlaub fahren. Auf diese Weise kommen aber noch nicht die rund 5000,– DM zusammen, die wir jährlich allein für die Folgekosten der Schule brauchen. Wenn ich nicht mehr bin und ihnen nicht mehr auf die Nerven falle, lassen viele es sicher bleiben und spenden „mal für etwas anderes" für „etwas Neues"! Hin und wieder kommt auch ein größerer Betrag, aber damit kann ich nie rechnen.

Ich habe Kontakt zu einigen Schulen. Eine Grundschule wollte 1995 ‚Unicef-Schule' werden. Ihnen wurde gesagt: ‚Das geht nicht! Ihr könnt nur ‚Unesco-Schule' werden! Kollegium und Eltern haben abgewinkt, denn UNESCO erfordert enormen Verwaltungsaufwand. Sie sind in den Freundeskreis eingetreten und heute Paten für die hannoversche Schule in Malawi. Ihre Spenden: 6000,– DM für Schulmöbel, 600,– DM für Schulbücher und zuletzt 300,– DM. Dafür bekam der Rektor sein langersehntes Fahrrad und die Hauswirtschaft solide Töpfe. Am Montag um 10.00 Uhr muß ich wieder einmal antreten und vier neuen Klassen über

Malawi erzählen. Da gibt es zuerst Gesang und Gehüpfe der 6–7jährigen, und ich zeige Dias über das Leben afrikanischer Kinder im tiefsten Busch.

Vor zwei Jahren überreichte mir das School-Committee in Malawi als Dank für diese Schule zwei Trommeln. Eine davon konnte ich im Flugzeug mitbringen und in einem großen Fest den Kindern überreichen. Die andere ist ... verschollen im Busch???

Eine Realschule sammelt bei ihrem Schulfest 700,– DM. Eine andere im Landkreis möchte vielleicht etwas machen! Dafür muß ich aber unentwegt Dias zeigen und Vorträge und Kontakte halten.

Und weißt du, der Chef vom M-Restaurant hat eine kleine Schwäche für mich. Der würde für uns auch einmal eine Benefiz-Veranstaltung machen. Der Oberbürgermeister steht als Schirmherr jederzeit zur Verfügung. Jetzt muß ich eine Möglichkeit finden, wie ich das anfasse. Als Doris Schröder-Köpf ihre Rolle als Landesmutter antrat, erinnerte ich mich an 1969:

Damals standen, animiert auch von Dr. Grete Müller, mehr als 16 Verbände bereit, auf einem großen Basar im Interconti für die Kinder in Malawi zu arbeiten und zu spenden. Ich brauchte dazu eine eindrucksvolle Schirmherrin – und gewann Hilda Heinemann, die Frau des Bundespräsidenten. Die Gattin des Ministerpräsidenten von Niedersachsen, Ruth Diederichs, machte den Empfang.

Heute habe ich gleich zu Beginn eine großartige Schirmherrin – Doris war sofort bereit –, aber mir fehlen Grete Müller und die 16 Verbände. Schulen und Verbände haben in den 30 Jahren seither alle ihre eigenen

Entwicklungshilfeprojekte, und Afrika ist auch nicht mehr so unumstritten ‚in' wie damals.

Mit Doris bekäme ich auch einen Basar in der Osterwoche und mit ihr das große Orchester und den Saal. Aber mit der übrigen riesigen Organisation stehe ich heute praktisch allein da. Ich habe ja nicht einmal eine Schreibhilfe! Und es wirkt sich aus, daß ich 85 Jahre alt bin! Es ist völlig natürlich, daß Jüngere neue Ideen haben und das heute nötige Umfeld.

Und die Sache mit dem Teufel und den großen Haufen:

Kaum geht im Fernsehen die Werbung für die großen Organisationen los, dann purzeln nur so die Millionen. Und für das neue Transplantationszentrum des berühmten Arztes gibt es sofort das Benefiz-Konzert mit 100,– DM Eintritt, und jeder geht dann an den Tisch und zeichnet dicke Schecks.

Trost auf neuen Wegen: Kürzlich las ich, daß der Justizminister die Buß- und Strafgelder durch die Staatsanwälte an gemeinnützige Verbände verteilt! Hoffnungsschimmer – rastloses Ausfüllen von Formularen und Formularen. Auch Bingo-Lotto macht jetzt in Entwicklungshilfe! Formulare!

Briefe schreiben – meine Katastrophe! Bis ich ans Schreiben gehe! Das hatte ich früher nicht, als ich für das SPD-Blättchen jeden Monat einen Artikel schrieb.

Belege, Formulare ... Ich fürchte, die großen Sponsoren denken, daß im zentralafrikanischen Busch jeder ein komplettes Büro an der Hand hat, mit Architekten und Buchhaltern. Unser Headmaster in Malawi macht alles allein. Wir brauchten noch nie eine Architektenrechnung zu bezahlen. Die fleißigen Bauherren können doch nicht einmal alle schreiben, sie machen einen Daumenabdruck statt Unterschrift. Sie haben keine Kopiergeräte, um alles dreifach einzureichen. Aber – wem kannst du das hier erzählen!?

Ein weiteres Problem: Die Hausfrauen hier sagen: schon wieder Malawi! Wir möchten mal etwas anderes machen, Bosnien, Äthiopien, Namibia, Straßenkinder in Hannover. Sie schenken Namibia einen Klassenraum, und dann ist Schluß. Dann sitzen die Kinder im leeren Raum und haben keine Möbel. Oder sie richten eine Frauenwerkstatt ein und spenden dafür ein paar tausend Mark, einmal und dann hört es auf. Sieh mal, in diesen ganz anderen Zivilisationen wissen sie nicht so schnell allein weiter. Nach zwei Jahren gehen die meisten von den Projekten weg, weil sie etwas anderes machen wollen – möglichst in einem anderen Land. Das ist einfach falsch. Entwicklungshilfe muß etwas Dauerhaftes sein.

In der Gegend von Makanjira gibt es zu Beispiel 41 Brunnen, die wurden gebaut, und nun sind sie kaputt. Und keiner weiß, wie sie repariert werden. Es sind Brunnen mit den großen Schwungrädern. Die stehen da, verrostet und zerfallen. Das müßte alles weiter betreut werden, da braucht man dann eben auch weiterhin Geld. Natürlich bauen die Einheimischen mit, man muß sie zwingen, das zu machen, was sie selber können, zum Beispiel Ziegel brennen, aber wenn man ihnen einen Zivilisationsstandard überstülpt, den sie nicht von sich aus aufgebaut haben, dann kann man sie nicht nach zwei Jahren sitzenlassen. Dann ist es besser, erst gar nicht anzufangen.

Mein Schulleiter dort kriegt jetzt von dem Geld, das ich gesammelt habe, noch Latrinen, also Klos. Aber dann ist erstmal Schluß. Unsere Mittel reichen dann noch gerade für die Folgekosten. In dieser Region besteht keine Aussicht auf irgendwelchen wirtschaftlichen Aufschwung, Betätigung, Entfaltungsmöglichkeiten. Da ist zwar Fischfang, aber mehr ist da nicht. Und die Regierung dieses sechst-ärmsten Landes der Erde ist froh, wenn da ein paar Lehmhütten mit Grasdach stehen.

UNICEF und BROT FÜR DIE WELT . . : Die kriegen immer, aber nie gibt es etwas für so ein kleines Projekt wie meine kleine Schule.

Nach Willis Tod bin ich selbst viermal in Malawi gewesen auf eigene Kosten und habe dort Städtepartnerschaft demonstriert mit allen Programmen und allem, was dazugehört. Und wenn die Gäste aus Malawi hier waren, habe ich mich um sie gekümmert, so daß sie den Eindruck hatten, die Städtepartnerschaft lebt. Aber das ist keine lebendige Städtepartnerschaft, sondern eine Art Henkel-Partnerschaft.

Bevor ich das letzte Mal nach Malawi flog, bin ich beim Oberbürgermeister gewesen und habe gefragt, ob ich in Malawi auch für die EXPO werben soll. Natürlich sollte ich das. Da habe ich mich vier bis fünf Tage lang den Ministern gewidmet, die von der EXPO nichts wußten.

Wenn ich in Malawi bin, hole ich immer alles zusammen, was da noch an Beziehungen von vor 30 Jahren besteht."

„Du hast doch außer deinem kleinen Malawi noch eine ganze Reihe weiterer Engagements!?"

„Ja, in rund 17 Vereinen. Ich bilde mir ein, ich könne keinen davon im Stich lassen.

Die Verbraucherpolitik läßt mich nicht los. Am Endpunkt eines Engagements von mehr als 50 Jahren bin ich jetzt als ‚Ehrenmitglied des Präsidiums der AgV' in Bonn angelangt, d. h. immer mal wieder die Fahrt dorthin und Kampf für den Verbraucherschutz im neuen Europa!

Nach zehn Jahren Fernsehrat im ZDF: aktives Mitglied im FDZ – dem Seniorenclub des Senders – mit Tagungen in Berlin und dem wenig erfolgversprechenden Mühen, wenigstens einen Hauch von Einfluß für ein – nach unserer Meinung – besseres Programm zu kriegen.

Und aus meiner üppigsten Epoche: Aufsichtsratsmitglied in der Preussag AG, die Gewohnheit, im Wirtschaftsteil die globalen Streiche des Großkapitals zu verfolgen, damit ich bei dem jährlichen Bettelbrief um eine Spende für Malawi evtl. mit einer Art Insiderwissen mogeln könnte.

Dann noch WOMAN und Deutscher Hausfrauen Bund: im Vorstand oder Beirat, mit Vorträgen und Hilfen in allen Vereinslagen.

Zum Heile meiner ach so grünen Seele Mitglied im Umweltschutz, Demeter-Förderkreis, Siedlerbund, Naturschutzpark Lüneburger Heide und außerdem Mitmarschiererin bei „Gorleben soll leben!" 1972.

Und wie das Leben so spielt: In Hannover proben Frauenkreise zur Zeit einen kleinen Aufstand: ‚Das Ungleichgewicht zwischen den nach Männern und den nach Frauen benannten Straßen muß beseitigt werden!' Da fällt mir ein Antrag ein, den ich vor mehr als zehn Jahren an den Rat der Stadt gestellt habe, nämlich die Forderung nach einem: Dr.-Grete-Müller-Weg! Aber wieder hinein in die Kommunalpolitik, zusätzlich zum zähen Kampf gegen die EXPO-Lustlosigkeit der hannoverschen Bürger.

Mein großer Keller ist voll von Akten. Da kommt mir mit 85 Jahren doch manchmal der Gedanke, was ich da meinen „Erben", eine kopfstarken Familie mit Großnichten und -neffen, zumute!"

„Erst wenn drinnen in der Familie alles getan, darf eine Frau draußen tätig werden."

(Gertrud Olesch, 82 Jahre alt)

Der Biographie und Geschichte von „Mama Lore" folgt die Geschichte ihrer Schwester – vor allem des Kontrastes wegen!

Immer wieder hatte Frau Dr. Henkel auch von ihrer um zwei Jahre jüngeren Schwester erzählt, die so ganz anders lebte und lebt als sie selber. Gelegentlich schwang etwas liebevoller Spott in ihrer Rede mit, vor allem dann, wenn es um Frau Oleschs kirchliches Engagement ging, das sie bis hin zu einer persönlichen Audienz beim Papst führte.

Eben diese kleinen, fast zärtlichen Spöttereien konnte ich dann miterleben, als Frau Olesch ihre Schwester auf der Durchreise besuchte und mir nach einem ausführlichen Abendessen Rede und Antwort über ihr Leben und ihre Aktivitäten stand. Auch sie hatte gut vorgearbeitet: Sie hatte einen ausführlichen Lebenslauf geschrieben und geschickt und auf ihre Reise von Bonn nach Hannover Fotos, Zeitungsausschnitte u. a. Material mitgebracht – etwas, was mir bei ihr und anderen Frauen zeigte, daß sie meine Arbeit, aber auch die ganze Thematik wichtig nahmen. Nie hatte ich den Eindruck, daß es sich dabei um Eitelkeit handelte. Aber sie selber nahmen ihr Leben und ihre Lebensleistungen ernst, wußten, daß sie diese nicht unter den Scheffel zu stellen brauchten und wollte das unterstützen, was ich mit der Arbeit zu bezwecken suche: Frauen zu ermutigen und ihnen die Angst vor dem Alter zu nehmen.

Gertrud Olesch ist 82 Jahre alt, verwitwet, hat(te) 5 Kinder und 6 Enkel und lebt bei Bonn. Ihren Lebenslauf hat sie ausführlich und anschaulich geschildert. Zu ihren Aktivitäten im hohen Alter hatten wir ein längeres Gespräch.

Lebenslauf

Am 21. Juli 1916 wurde ich in Gleiwitz, Oberschlesien geboren, als drittes Kind von einem Jungen und drei Mädchen. 1922 wurde ich eingeschult. Bis zur Klasse U III (Oberlyceum) plagte ich mich, dann wurde ich eine gute Schülerin. Der törichte Abgang vor dem Abi hing mit meinem Wunsch, ländliche Haushaltspflegerin zu werden, zusammen, was dann leider aus finanziellen Gründen scheiterte.

1928 empfing ich die erste Heilige Kommunion und wurde gefirmt. Im Musikverein, Schul- und Kirchenchor sang ich mit. Drei Jahre lang hatte ich Klavierunterricht, drei Monate Gesangsunterricht.

Nach der Schule kam statt Arbeitsdienst sechs Monate Landhilfe (sehr gerne), dann Kurse in Schreibmaschine, Steno, Buchführung, häusliche Krankenpflege, Säuglingspflege. Neun Monate arbeitete ich als Haustochter bei einer Bergwerksdirektorsfamilie.

Dann eröffnete mein Vater auf dem St. Annaberg in Oberschlesien eine Drogerie und schickte mich für drei

Monate zu einem Kollegen in Gleiwitz, um mich im Fach genauer umzusehen und Foto-Labor-Arbeit zu lernen. Wir hatten ja in Gleiwitz eine Drogerie und ich hatte deshalb schon einige Kenntnisse. Dort bestand ich die Befähigung zum Handel mit Giften – Voraussetzung, um in einer Drogerie zu verkaufen.

Sechs Jahre lang leitete ich unser Geschäft und lernte meine Schwester an. Eineinhalb Jahre lang fuhr ich einmal wöchentlich die 60 Kilometer zur Berufsfachschule nach Gleiwitz auf meinem 98 ccm Motorrad. Am ersten Tage meines Lebens in Annaberg lernte ich bei meinem Vermieter meinen Mann kennen.

Während der Semesterferien vertieften wir unsere Bekanntschaft und verlobten uns am Ostersonntag 1939. Er war auf dem Berge aufgewachsen und erforschte die alten polnischen Dialekte in Oberschlesien, besonders die Sprachgrenzen zum Deutschen. Er war zweisprachig aufgewachsen. Seine erste Veröffentlichung dieser Arbeit wurde – da „den Interessen des Deutschen Reiches zuwider" – im Sommer 1938 verboten und seine Entlassung verfügt.

Wir hatten uns gerade ernsthaft gefunden. Es war für ihn schrecklich. Gottlob hat die energische Fürsprache seines Berliner Lehrers Prof. Dr. Vasmer die Entlassung rückgängig gemacht. Sechs Wochen vor Kriegsbeginn wurde er zum Wehrdienst eingezogen und wegen des Vermerks in seinem Soldbuch „Nationalpolitisch unzuverlässig" immer wieder an die Front geschickt.

Am 3.11.1939 wurden wir auf einem Kurzurlaub kriegsgetraut, nach zwei Tagen begleitete ich ihn nach Breslau, wo er bei einer bespannten Einheit Dienst im Pferdestall antrat.

1940 wurde das erste Kind geboren, ich wollte ja viele, 1943 das zweite, das er das erste Mal mit acht Monaten sah. Bei allen unangenehmen Seiten des Krieges benutzte er die Aufenthalte in Slaven-Ländern stets dazu, seine Sprachkenntnisse zu verbessern. Am 20. Januar 1945, der Kanonendonner von Leschmitz und Groß-Strehlitz war zu hören, wurden wir Mütter und Kinder mit Pferdewagen nach Cosel gebracht. Dort saßen die Flüchtlinge schon auf Wagen-Dächern. Wir kamen mit einem Zug bis Neiße, dort saßen wir zehn Stunden bei zwanzig Grad Kälte. Kein Weiterkommen Richtung „Reich". Dann ein geheizter, beleuchteter Eilzug nach Breslau, wo wir bei Verwundeten übernachteten.

Am nächsten Morgen sind wir in einem Verwundetenzug nach Dresden untergekommen. Meine Schwester Lore war mich in Annaberg abholen gekommen, und wir waren losgezogen.

Von Dresden aus im Zug an die Spree, wo wir bei einer Tante ein Dachkämmerchen beziehen konnten. Zwei Wochen nach dem großen Bombardement von Dresden fuhr ich hin, um Lore zu sehen. Zwei Stunden wanderte ich von Neustadt nach Altstadt durch Ruinen und den Gestank nach Rauch und Leichen. Mit Lore und ihrem Mann beschlossen wir die Übersiedlung nach Süddeutschland. Unterwegs Tieffliegerangriffe. In Pfaffenhofen a. d. Ilm Unterkunft in der Sporthalle und eine Woche lang Suche nach einer Bleibe. Karsamstag Einzug mit Bollerwagen, Rucksack und beiden Kindern in Ehrenberg bei Pfaffenhofen in ein Zimmer auf einem Hof, wo wir viereinhalb Jahre verhältnismäßig gut, vor allem ohne Hunger, lebten. Pfingstmontag 1945 kam mein Mann als erster Heimkehrer zu uns, wo er bis zu seiner Berufung als Professor nach Greifswald im Januar 1946 blieb. Wegen der katastrophalen Ernährungsverhältnisse konnte er seine Familie nicht mitnehmen. So war er immer nur in den Semesterferien nach riskanten Zonenüberquerungen bei uns im Dorf, jedesmal sehr abgemagert.

Im September 1949 konnte die Familie zum ersten Mal zusammenwohnen, da mein Mann den Ruf als Ordinarius in Leipzig bekommen hatte. Nach einem halben Jahr wurde er zwei Tage lang vom DDR-Geheimdienst verhört, was den Entschluß zur Flucht auslöste. Nach drei Jahren hatte er so viele Russisch-Lehrer ausgebildet, daß er als entbehrlich angesehen wurde: kein Parteimitglied, keine Gewerkschaft, keine russisch-deutsche Freundschaftsmitgliedschaft. Treue Studenten hinterbrachten ihm, daß man ihn abschießen wollte.

Über Westberlin hatte er heimlich Kontakt mit Köln aufgenommen, wohin er auch zum 1.1.53 berufen wurde. Wir ließen wieder fast alles im Stich und schafften die Flucht am 4.1.53.

Die zwei älteren Kinder waren bei meiner Base in Bayern untergebracht. In Ehrenberg war unser drittes Kind geboren, das im Alter von zweieinhalb an einer unerkannten Hirnhautentzündung erkrankte und sich langsam zurückentwickelte, so daß wir ihn auf Anraten der Ärzte in eine Anstalt geben mußten. Die beiden in Leipzig geborenen Kinder blieben bei mir in Lores Haus zu Hannover, bis nach zwei Monaten mein Mann eine Wohnung in Köln gefunden hatte. Ein Darlehen der Uni erlaubte den Kauf von Betten, Eckbank, Tisch, zwei Stühlen, Schreibtisch, Regal und einer Nähmaschine.

Die Caritas half mit Schrank, zwei Herrenkommoden und einem kleinen Schreibtisch. Ab dieser Zeit hatte ich immer eine Halbtagshilfe.

13 Jahre wohnten wir in Köln, die Kinder gingen zur Schule, ich war in der katholischen Frauengemeinschaft, im Pfarrausschuß und im Kirchenchor tätig. Nach meinem Leitsatz: *„Immer strebe zum Ganzen, und kannst du selber kein Ganzes werden, als dienendes Glied schließ an ein Ganzes dich an"* habe ich meine Pflichten als Familienmutter und Professorenfrau erfüllt, so gut ich es vermochte, und der Spruch von Fenelon: „Erst wenn drinnen in der Familie alles getan, darf eine Frau draußen tätig werden" ist auch meine volle Überzeugung: – Das Gastjahr meines Mannes an der Uni in Austin, Texas, ermöglichte uns den Kauf eines Baugrundstückes. Als die Kinder groß waren, ergab sich durch den Kirchenchor 1978 die Gründung einer Flötengruppe, die bis zum Tode meines Mannes etwa zehnmal im Jahre Gottesdienste und Feste gestaltete. Jetzt bilde ich nur noch Flötenkinder aus, im Augenblick etwa zwanzig Kinder in drei Gruppen für etwa fünf Auftritte.

Mit 52 Jahren erwarb ich den Führerschein und bin viel und gern gefahren, obwohl wir 1977 in Spanien einen ziemlich schweren Unfall hatten. Als die Kinder aus dem Haus waren, konnte ich auch mit meinem Mann reisen. Besonders die Teilnahme an den Sitzungen des Internationalen Slavistenkommitees meines Mannes brachten für mich viele Länder und Bekanntschaft mit bedeutenden Gelehrten, wie auch unser Haus für viele Gäste aus diesen Kreisen gastlich offenstand. 1975 bis 1990 (im Alter von 59–74 Jahren) war ich auch Schreibkraft und Buchhalterin des Mitteldeutschen Arbeitskreises, der sich um Veröffentlichungen über Mitteldeutschland (Zone) und Versorgung der DDR-Kollegen mit diesen Arbeiten befaßte.

Vier Jahre lang war ich im Pfarrgemeinderat, bis die inzwischen sechs Enkel meine Omi-Pflichten heischten. Ich pendelte zwischen Münster und der Schweizer Grenze.

Durch sein vieles Fortsein durch Krieg und Dienstreisen hatte mein Mann mich ans Alleinsein gewöhnt. Deshalb komme ich mit meiner Witwenschaft gut zurecht. Der Garten, Besuch von Kinderfamilien, die Flötenkinder, der Kirchenchor, die Pfarrgemeinde und als Grundlage die Gottesdienste, sowie begeisterter Rätselrater und Leser ... das ist mein ruhiges, zufriedenes Dasein.

1989 konnten wir noch Goldene Hochzeit feiern und im Dezember dem Papst das erste Exemplar der Bibelnachdrucke, die mein Mann mit zwei Kollegen organisiert hatte, im Vatikan überreichen, Krönung unseres Lebens.

1996 feierte ich mit der Großfamilie und der Dorfgemeinschaft meinen 80. Geburtstag und wurde dabei geehrt.

In diesem Jahr konnte ich mit dem Kirchenchor eine Pilgerfahrt zu Klaus von Flüeli erleben. Ein tiefer Eindruck, besonders auch durch die herrlichen Landschaftserlebnisse. –

Gallen- und Rheumabeschwernisse habe ich besonders durch Übergang auf vegetarische Ernährung, Bewegung und vernünftiges Verhalten im Griff."

Beim und nach dem Abendessen erzählte Frau Olesch dann ausführlich über ihre derzeitigen Aktivitäten, die sich fast ausschließlich im kirchlichen Bereich abspielen.

In Frau Oleschs Lebenslauf an mich schrieb sie, daß sie ihren 80. Geburtstag in der Großfamilie und mit der Dorfgemeinschaft gefeiert hatte – einer Gemeinschaft, in der sie zum Teil auch fünfzehn Jahre nach dem Zuzug als „Fremde aus dem Osten" noch nicht anerkannt gewesen war! „Ich habe mir damals vorgenommen, jeden, den ich traf und der mich ansah, zu grüßen – egal, ob Mann oder Frau oder Kind und egal, in welchem Alter."

„Heute kennen mich alle in der Gemeinde durch den Kirchenchor und durch die vielen Kinder, die ich schon unterrichtet habe. Da kommt man in Kontakt zu Eltern und Familien und zu dem ganzen Dorf."

Zum 80. Geburtstag bekam sie von der Dorfgemeinschaft eine Urkunde „für besondere Verdienste in der Jugendbetreuung". Und kurz darauf erreichte sie eine Urkunde des Erzbischofs von Köln, Joachim Kardinal Meißner, zu Ehren ihrer 50jährigen Mitgliedschaft im Kirchenchor. Sie hatte sie mir mitgebracht, und nachdem ich sie vorgelesen hatte (bei leicht süffisanten Anmerkungen ihrer gar nicht so kirchlichen Schwester), sagte Frau Olesch plötzlich ganz schwärmerisch: „Und er hat so einen Breslauer Zungenschlag! Ganz entzückend!" Das nahm der Feierlichkeit des Augenblicks alle Sentimentalität! Ihr Engagement in der Kirchengemeinde ist vielfältig. Das, was ihr am meisten zu Herzen zu liegen scheint, ist seit mehr als zwanzig Jahren die Arbeit mit ihren „Flötenkindern".

Sie erzählt: „Ende 1978 im Kirchenchor wurde darüber geredet, daß alle unsere Kinder flöten gelernt hätten, und nun würde nichts mehr daraus werden. Kann man das nicht in der Kirche mitverwenden? Ja, aber wer sollte das machen? Geld ist nicht vorhanden ... also: Frau Olesch! Da habe ich die Schultern eingezogen, einen Kopfsprung gemacht und habe angefangen.

Zuerst hatte ich sechs bis acht Kinder, eher schon Teenager, die konnten alle schon flöten. Da haben wir gleich bei zwei Weihnachtsfeiern und in der Christmesse und am 1. Feiertag gespielt, und so ging es dann weiter. Die Älteren sprangen dann langsam ab und neue kamen dazu. Ich habe immer so 45 Kinder in zwei oder drei Übungsgruppen gehabt, je nach Vorkenntnissen. Wir hatten etwa zwanzig Auftritte im Jahr bei Heiligen Messen, bei Feiern, bei einer Kapelle im Walde, wohin wir unsere Ausflüge machten.

Die Leitung habe ich jetzt abgegeben, weil mir so Sonderbares passiert ist. 1987 bei einer Messe hatte ich einen halbstündigen Ausfall gehabt und weiß nicht, was passiert ist. Das war wohl eine Durchblutungsstörung. Ich habe ein Medikament bekommen, und dann ging es zehn Jahre wieder gut. Das gleiche ist mir im vorigen Jahr wieder passiert: Ich weiß gar nichts mehr, nichts von dem Evangelium, nichts von der Predigt und nichts von dem Segen. Erst als ein Kind geschrien hat, weil es sich beim Zusammenpacken gequetscht hatte, bin ich wieder zu mir gekommen. Ich war zwar benommen, und die wollten mich nicht nach Hause fahren lassen, aber ich bin dann doch mit meinem eigenen Auto gefahren. Ich fahre noch sehr viel und sehr gerne. Ich fahre Automatik. Ich muß ja nicht im Stau fahren. Ich darf keine großen Reisen mehr machen, das haben mir meine Kinder untersagt. Ich fahre aber jeden Monat einmal zu meinem kranken Sohn. Da bin ich etwa sechs Stunden durch die Eifel unterwegs. Das macht mir gar nichts.

Deswegen habe ich also die Leitung aufgegeben. Aber bei den Aufführungen mache ich immer noch mit, und außerdem habe ich immer noch zwei Unterrichtsgruppen.

Ich habe selber nie Flöte gelernt, ich habe bei meinen Kindern mitgelernt. Ich hatte Klavierunterricht gehabt und habe 50 Jahre im Kirchenchor gesungen. Ich habe sehr viel gelernt dabei. Ich kann jetzt selber gut flöten. Wenn wenige sind, flöte ich mit. Wenn's viele sind, dann dirigiere ich. Wenn ich mir so anhöre, was die Kinder heute in den Familiengottesdiensten an Liedern singen – das ist alles nur einfältiges Geplärre! Wir haben die richtigen Kirchenlieder begleitet oder angestimmt, und die Gemeinde hat dann mitgesungen. In der Karwoche haben wir zum Beispiel einen wunderschönen Wechselgesang zwischen Jungen und Mädchen. Und jedes Jahr machen wir immer noch einen Ausflug der Flötenkinder und ihrer Eltern. Das habe ich immer alleine organisiert."

Frau Olesch kommt dann auf ihre weiteren Gemeindetätigkeiten zu sprechen: Caritasverein und Frauengemeinschaft, Müttergemeinschaft, Pfarrausschuß, Gemeindebesuche, Kirchenchor ... Dem Pfarrgemeinderat hat sie angehört, bis die Enkel kamen.

Ich frage sie, was ihr Mann zu diesen vielen Aktivitäten gesagt hat.

„Mein Mann fand das sehr gut. Wir hatten doch jeder unser Eigenes. Wenn mein Mann nicht im Institut war, saß er zu Hause am Schreibtisch. Ich hatte immer eine Halbtagskraft oder Putzfrau. Wenn alles in Ordnung war, die Mahlzeiten und die Sachen, und die Gäste betreut wurden – da konnte ich machen, was ich wollte. Im Gegenteil, er fand das ganz schön, weil es ja für die Kirche war. Er hat mir von vornherein gesagt: ‚Du heiratest einen Wissenschaftler, und für mich ist Arbeit das Allergrößte. Ich freue mich, wenn du unsere Familie betreust.' Das war für mich also von Anfang an vollkommen klar. Ich habe auch versucht, ihn mit meinen völlig unwissenschaftlichen Kräften bei der Arbeit zu unterstützen und ihm freie Bahn zu schaffen.

Ja, es war die klassische Frauenrolle. Es gibt Männerberufe, die brauchen das, sonst könnten sie gar nicht diese Leistungen erbringen. Aber ich wollte ja nie etwas anderes als Familienmutter sein. Ich halte das für eine so wahnsinnig notwendige Aufgabe. Ich glaube, das ganze Elend der Jugend kommt daher, weil die Frauen zu wenig Zeit für ihre Kinder haben und zu wenig gelernt haben, mit Kindern umzugehen. Bei den großen Familien früher lernten sie es zu Hause bei den Geschwistern. Das ist ja heute nicht mehr.

Alle Pferde sind eben nicht Rennpferde, und alle Frauen können nicht das Doppelte: Familie und Beruf. Sie lernen ja auch nichts mehr. Wieviele Ehen gehen kaputt, weil Frauen keine Ahnung vom Haushalt haben. Es wird den Frauen eingeredet, daß das nicht das Ideale sei. Früher wurde die Mutter geehrt. Heute ist das alles abgeschafft. Das Gedicht am Muttertag und der Blumenstrauß, das hat vielen Frauen doch genügt. Die Mutter wird heute schlecht gemacht. Erst hat man den Kindern den Vater genommen und jetzt noch die Mutter. Das wird so geschürt in der Propaganda. Dabei weiß man seit Tausenden von Jahren aus der Geschichte, was geht und was nicht geht und in der Bibel steht doch sowieso alles."

Ich frage Frau Olesch nach der Resonanz: Was sagen die Kinder zu einer so aktiven und so alten Frau? Und wie reagieren deren Eltern?

„Die Resonanz ist immer nur positiv. Ich hau auch mal mit der Faust auf den Tisch bei den Kindern. Sie dürfen nicht Sch … bei mir sagen, und in der Pause gibt es immer nur *ein* Bonbon und nicht zwei. Im Sommer gibt es dann auch mal Beeren im Garten – ich mache das ja alles bei mir zu Hause. Wir haben einen Hobbyraum im Keller mit einem Klavier, damit ich dort die richtigen Töne angeben kann.

Die Eltern sind sehr froh über meine Arbeit. Sie fragen mich oft, was sie mir Gutes tun könnten. Sie kommen dann mit Blumen, Kaffee oder Schokolade. Ich will keine Bezahlung für meine Arbeit. Ich habe zwei Flötengruppen pro Woche: Die Größeren und dann habe ich die Gruppe mit den Kleineren. Gerade gestern habe ich wieder die Anmeldung für zwei Vierjährige bekommen. Ich mache das alles umsonst – im Rahmen des Kirchenchors. Ich habe Eltern, die kommen und sagen: Wir haben jetzt drei Kinder, das wird mir mit Privatunterricht oder Musikschule zu teuer. Und so sind sie glücklich, daß ich den Flötenunterricht übernehme. Wenn sie mich dann weiter fragen, was sie für mich tun könnten, dann sage ich: spendet was für das Heim, in dem mein Sohn ist. Das ist eine Behindertenanstalt der Barmherzigen Brüder von Trier. Früher hat es mal 150,00 DM im Monat gekostet, aber jetzt sind es schon 6500, 00 DM. In jeder Gruppe sind acht Patienten und sehr nette Pfleger und Zivildienstleistende. Aber im Grunde will ich nichts dafür haben. Das ist eine Arbeit, die mir selber sehr am Herzen liegt und die ich gerne mache. Über die Kinder kommt man auch an die Eltern ran. Vor allem bekommt man Kontakt zu den Menschen, die nicht mehr so oft in die Kirche gehen, durch große Feste, und die feiern wir dann. Ich mache auch regelmäßig die Ausflüge mit einem großen Programm: Die Kinder kennen dann schon viele Volkslieder. Sie sollen keine Künstler werden, sie sollen Spaß haben an guter Musik. Ich mache jeweils Hefte zu den Themen: Kirchenlieder, Volkslieder und Weihnachtslieder. Diese Hefte sind immer dreistimmig gesetzt. Auch anderes Material habe ich selber sehr viel gemacht. Zum Beispiel habe ich Krippenspiele auf Liedertexten aufgebaut, die die Kinder dann gespielt haben.

Bei den Ausflügen ist mir wichtig, daß die Kinder ihre nähere Umgebung kennenlernen. Wir machen die Ausflüge immer in die nähere Gegend, damit sie wissen, wohin sie gehören. Kinder sollen nicht nur Mallorca und Ceylon kennenlernen, sondern auch ihre Heimat.

Ja, ich habe eine wichtige, integrierende Funktion. Ich bin wie ein Bindeglied zwischen den Generationen. Ich komme über die Kinder an die Familien und die Eltern heran. Ich bin auch ein Beispiel für sie. Ich bin die Frau Professor – wenn die in die Kirche geht, muß da ja was dran sein. Daß das Sonntagsgebot gelockert worden ist, ist sehr schlecht. Und der Religionsunterricht in den Schulen ist auch für die Katz. So sollen sie doch wenigstens in der Kirche noch etwas aus der Bibel hören.

Wir haben auch eine Patenschaftsgemeinde in Kenia. Ich bin schon zweimal dort im Urlaub gewesen. In diesem Jahr habe ich am Seniorennachmittag erstmals darüber einen Dia-Vortrag gehalten und inzwischen auch für die Pfarrei, jedesmal verbunden mit einer Ausstellung unserer landeskundlichen Mitbringsel. Da fällt mir gerade ein: Dasselbe könnte ich ja auch über Kreta machen. Da gibt es immer viele interessierte Zuhörer."

Wir müssen so langsam das Gespräch beenden, es geht schon gegen 23.00 Uhr, und morgen früh will Frau Olesch – unter Mitnahme ihrer Schwester – zur diesjährigen Jahreshauptversammlung der Rundlingsbewegung in ein Rundlingsdorf ins Wendland. Dort treffen sich Fachleute – auch ehemalige Kollegen ihres Mannes –, die sich mit dem westlichsten slawischen Dialekt, dem Polabisch befassen, über das ihr Mann u. a. geforscht hat.

Ein immer wiederkehrender Höhepunkt dieser alljährlichen Sitzungen ist das Abspielen einer Kassette unter der Gedenktafel für den Sammler und Nachdrucker des untergegangenen Idioms, das die Gegend dort sehr geprägt hat. Auf diese Kassette hat Professor Olesch vor vielen Jahren das „Vater unser" auf Polabisch gesprochen. Drei Tage werden die beiden alten Damen dort bleiben – und dann geht es zurück ins Dorf bei Bonn, wo Kirchenchor, Gemeinde und Flötenkinder warten!

Im nachhinein übersendet Frau Olesch mir noch ein Gedicht: Eine „in der Begeisterung nach der Ehrentafel-Enthüllung in Lübeln verfaßte Ode auf meinen Mann, die ich ursprünglich für seine Wanderbrüder geschrieben hatte. (...) Man muß sie möglichst in Versmaß der Odyssee lesen!!! Bescheidenheit ist eine Zier ...!"

Wanderer, kommst du ins Wendland
Und lenkest die Schritte gen Lübeln,
Nahe dem größeren Lüchow,
So wende flugs dich im Rundling
Zum Wendlandhof, dem Landschafts-Museum.
Fleißige Hände kundiger Sammler
Trugen herbei dort die Schätze der Ahnen.
Vielerlei aus ländlich ält'ren Kulturen
Find'st du dort klug und schön dargestellt.
Und solltest du müde vom Schauen
Dem Ende des Hofes dich nahen,
So tritt ein ins Haus des Chronisten,
Parum Schulze aus Süthen, der lang zwar verstorben,
Achtung erwarb durch sein Werk, das im Hause erläutert.
Da trittst du zuletzt in das kleine Gemach,
Drawäno-Polabischer Sprache gewidmet,
Findest du mehrfach den Namen des Mannes,
Der mühevoll sammelte Reste der Sprache,
Die fast schon vergessen,
Von törichten Menschen oftmals verdrängt,

Kunde doch gibt von früherer Zeit.
Und noch jahrelang forschend gelang ihm,
Die tot schon geglaubte Sprache der Rundlings-Wenden
Neu zu beleben und endlich
Den Platz ihr als Baustein der Zeiten zu sichern.
Von der Tafel, die ihm gewidmet, winkt dir sein Bild.
Und drückst du den Knopf an nebenstehender Lade,
Hörst du ihn reden in Worten lang verklungener Sprache.
Wanderer, kommst du ins Wendland, so geh auch nach
Lübeln!

Wo findet man sie – Teil I – Das Schneeballprinzip

Wo findet man sie ...: die tollen alten Weiber? Oder: „Wo lernst du diese Frauen eigentlich alle kennen?", „Woher hast du sie?" So und ähnlich haben mich immer wieder alle gefragt, denen ich von dieser Arbeit erzählte. „Meine" tollen alten Weiber sind etwas Besonderes – und deshalb gilt ihnen ja auch dieses Buch. Und gleichzeitig sind sie nichts Besonderes. Sie leben „nebenan", unauffällig. Sie gehen zum gleichen Supermarkt wie ich, zum gleichen Wochenmarkt, nicht jedoch zum gleichen Hausarzt – dazu haben sie nämlich keine Zeit! Sie benutzen die U- und die Bundesbahn. Vor allem aber: Sie hausen nicht isoliert in ihren Wohnhöhlen, sondern sie sind „draußen", sie sind „aktiv", sie sind „bekannt".

Letzteres sind sie nicht „durch Funk und Fernsehen", sondern durch Tätigkeit, durch Engagement, natürlich durch ihre „Verrücktheiten", über die man redet – dieses jedoch nie lästernd, lächelnd, abwertend, sondern stets mit Be- und Verwunderung, mit Staunen, mit Anerkennung, mit Neugierde und mit einer gehörigen Portion Hochachtung. Denn wer von uns „Normalen" feiert seinen 80 Geburtstag schon bei lauwarmem Bier und Torte auf dem Flughafen in Delhi oder jettet alle zwei

Jahre einmal in den afrikanischen Busch, nur um dort nach dem Rechten zu sehen?

„Mama Lore" war der Auslöser, die Offenbarung, die Idee schlechthin ... und die Vermutung: Von diesen Frauen müßte es doch eigentlich noch mehr geben.

Sie zu finden war kein Problem. Braucht man nicht streng wissenschaftlich/statistisch/empirisch ... vorzugehen, bietet sich immer wieder das Schneeballprinzip an: Ich forme einen Schneeball und rolle ihn ... locker über die Schneefläche. So wird er größer und größer (und ergibt dann vielleicht eine Schneefrau). Wenn ich auf die Idee käme, ihn den Berg herunterzurollen, könnte er zur Lawine ausarten. Das war bei meiner Suche nicht der Fall – ich hatte nur einen sehr seichten Abhang gewählt! Das Resultat hat aber gezeigt: Es hätte leicht eine Lawine geben können.

Zunächst befragt man bei einem derartigen Vorhaben die (erste) Betroffene selber. Kennst du noch jemanden, die so alt und so aktiv ist? Natürlich kennt sie – schließlich bewegt sie sich – wie jeder andere Mensch auch – primär in der eigenen Altersgruppe. Gleichalte und Ältere – und die Aktiven müssen dann nur noch herausgefiltert werden.

So verdanke ich meiner Erstbefragten zahlreiche erfolgversprechende Hinweise ... und dann begann der Schneeball zu rollen.

Die zweite Fundgrube war das Erzählen zu allen möglichen Zeiten und an allen möglichen Orten, was ich plane. Zunächst erfolgte prompt großes Erstaunen, gelegentlich Lächeln, öfter Ungläubigkeit: Nein, so etwas gibt es nicht! Frauen über 80 Jahre alt und dann noch in irgendeiner Weise besonders aktiv? Aber dann schienen sich bei manchen die grauen Zellen fürs Soziale und Familiäre in Aktion zu setzen und es kam die 83jährige Großmutter hervor, die täglich malt und bei Gemeindebasaren erfolgreich verkauft. Da kamen die beiden Schwestern – Mitte und Ende 90 –, die sich noch selber versorgen (jede für sich) und die 14tägig einen illustren Literaturzirkel für Jüngere abhalten – diese alle nicht unter 75 Jahre! Da wurden mir mehrfach alte Frauen genannt, die mit weit über 80 Stadtführungen und Kulturspaziergänge in ihren Wohnvierteln durchführen. Auf Reisen, in Zügen lernte ich sie kennen: Mit 89 Jahren gerade auf der Rückreise von einer Donaufahrt nach Budapest und jetzt auf dem Wege zu einem Altenseminar über Ökologie ... Und all diese alten Frauen über 80, die in ihren Heimen aktiv in den Heimbeiräten streiten und kompetent die Rechte ihrer Mitbewohner/Innen erkämpfen und verteidigen. Ganz abgesehen davon, was die Kirchen – qualitativ und quantitativ – ohne alte Frauen wären: Oft belächelt und belästert, aber tragend und durchaus nicht immer nur aktiv, weil sie nicht wissen, wohin am Morgen, Mittag, Abend.

„Gefunden" habe ich zum Beispiel Ilse Loesch bei einem Urlaubsabendessen mit einer Bekannten im Norden meiner Lieblingsinsel. Während ich mich dem Räucherfisch und den Chicoréeblättern hingab, rief sie an, um zum Geburtstag zu gratulieren. Meine Gastgeberin

– nichtsahnend von meiner Jagd auf „tolle alte Weiber“ – berichtete spontan über Ilse Loesch, von ihrem Kennenlernen vor langen Jahren, von ihrer Bekanntschaft, von ihrer Tätigkeit ... und von ihrem vermuteten Alter: „So um die 80 muß sie auch schon sein!“

Am nächsten Morgen bekam ich dann nähere Informationen, die Nachricht, daß Frau Loesch mich gerne kennenlernen würde, mit mir über ihre Arbeit sprechen ... und die Mitteilung, daß sie bereits 90 Jahre als sei.

Mit selektiver Wahrnehmung ging es mir irgendwann so, wie der Schwangeren, für die die Welt voller Kinderwagen ist: Meine Welt war plötzlich voller alter, aktiver Frauen, die unspektakulär zeigen, wo es im Alter langgehen kann – wenn frau es denn frühzeitig genug begonnen hat!

Wo findet man sie – Teil II – zwischen Ost und West

Die Welt ist voller „toller alter Weiber" – man muß nur hinsehen und Zeitung lesen.

Es muß ja nicht gleich die englische *Queen Mum* sein, die gerade *98 Jahre* alt wurde, zum Gehen seit einer Hüftoperation mit 95 Jahren lediglich einen Stock zum Stützen braucht und mit Gelassenheit die Umtriebe am sturmdurchtosten Königshof betrachtet – abgeklärt und mit leichtem Humor, der ihr noch nicht vergangen zu sein scheint.

Auch *Marion Gräfin Dönhoff,* seit Jahrzehnten die Herausgeberin der ZEIT und inzwischen *88 Jahre* alt, ist nicht unbedingt eine Frau, mit der wir uns identifizieren können. Wer von uns wurde schon mit dem silbernen Löffel im Mund geboren und mit viel Personal und viel adliger Verwandtschaft auf einem der größten Güter des Deutschen Reiches erzogen? Dennoch: Ich habe eine ganz geheime, klammheimliche, bewundernde Liebe zu ihr (von der sie natürlich nichts weiß. Sie weiß vermutlich nicht einmal, daß es mich überhaupt gibt.) Obwohl für mich, Fußgänger und Radfahrer, jeder schnelle Autofahrer ein potentieller Totschläger ist, schlägt mein Herz für diese alte Dame in ihrem flotten

Porsche stets höher, wenn ich lese, daß sie mal wieder zu schnell fuhr, in eine Falle tappte oder wegen (angeblicher) Fahrerflucht vor den Kadi zitiert wurde. Glaubt man den jeweiligen Nachrichten, pflegt sie zwar am Unfallort und beim Unfallgegner zehn Minuten ihrer kostbaren Zeit auf die Herren Polizeibeamten zu warten, ihre Adresse abzugeben, alsdann aber im schnellen Tempo den Unfallort zu verlassen. Schließlich hat sie Termine, Termine, Termine. Time is money – und wer ist mit 88 Jahren schon zeithabende Frührentnerin?

Über „tolle alte Weiber" berichten die Massenmedien immer wieder, ohne sie allerdings so respektlos zu benennen, wie ich es tue. Aus aller Herren Länder gehen Nachrichten über sie ein, und es erscheint uns manchmal wunder-voll und märchen-haft, was da berichtet wird.

*

„Ich bin alt. Mein Hotel ist es auch", sagt *Mrs. Tenduf-La,* eine 90jährige tibetische Dame, die ihr Hotel schon seit den späten 20er Jahren führt. „Deswegen wird sich das ‚Windermere' nie der modernen Welt des schnellen Komforts unterwerfen. Einen Fernseher, eine Minibar oder gar eine Zentralheizung wird der Gast hier nicht finden. Dafür aber ein prasselndes, wärmendes Kaminfeuer in jedem Zimmer, eine gut sortierte Bibliothek und eine Bar, an der noch die Kunst der abendlichen Konversation gepflegt wird."

Die Schmalspurbahn windet sich aus der feuchtheißen bengalischen Ebene neun Stunden bergan. Wenn der

Reisende ankommt, wird mit dem Fidibus das Kaminfeuer entzündet.

Das Windermere gilt als das „vermutlich letzte Hotel seiner Art" – seine Besitzerin mit Sicherheit auch! (Quelle: FAZ 10.03.1998).

*

Die dienstälteste Ärztin der USA – *Leila Denmark* aus Alphretta/Georgia – ist *100 Jahre* alt. Sie arbeitet seit 70 Jahren in ihrer Praxis und hat nicht die Absicht, aufzuhören. Ihre medizinischen Altersweisheiten sollen so gefragt sein, daß junge Mütter stundenlange Wartezeiten in Kauf nehmen, um von ihr beraten zu werden. In allererster Linie rät sie zu beständiger Geduld mit der Begründung: „Ihr Kind braucht sieben Jahre, um sich an sie zu gewöhnen!" (Quelle: ap vom 03.03.1998).

*

Die älteste noch aktive Konzertagentin der Welt – *Thea Dispeker* – ist *96 Jahre* alt. Ihre Kraft, alles zu schaffen, führt sie auf „Leibesertüchtigung" „wie auf dem Kasernenhof" ab ihrem dritten Lebensjahr zurück. Aber auch sonst war ihr Leben nicht gerade durchschnittlich. „Als Quintanerin, zur Sommerfrische am Schliersee, brennt sie mit einem Wanderzirkus durch. 1924, auf Tour am Nil, kriecht sie ins eben erst freigelegte Grab des Tutanchamun und holt sich, jedenfalls glaubt sie das allen Ernstes, in der gruftigen Kühle um die Mumie ihre spätere Polio. Seitdem lahmt ihr rechtes Bein. Kaum genesen, heiratet sie einen heißen Verehrer. Aber da der eifersüchtige Gemahl darauf besteht, ihre Privatpost zu öffnen, läßt sie sich nach zwei Monaten wieder scheiden." Als Pianistin und Musikforscherin lebt sie dann „mitten im Sündenpfuhl Berlin". Auf abenteuerlichen Wegen muß sie mit ihrer Familie emigrieren. Sie sind Juden. Die ganze Familie wandert nach New York aus. Dort gibt Thea Dispeker Klavierstunden, „jobt bei der Weltausstellung und gründet mit Hilfe des Dirigenten Otto Klemperer ein Kammerorchester. 1947 macht sie mitten im schäbigsten Manhattan eine eigene Künstleragentur auf", über die sie noch 50 Jahre später regiert. Dieses einmalige Jubiläum wurde in New York von ihren Freunden groß gefeiert. Thea Dispeker fühlt sich noch immer als die „Seele des Ganzen", sagt sie. Sie sei „unentbehrlich": „Alle wichtigen Entscheidungen treffe ich." Sie mag nicht den „Menschenhandel", der mit Künstlern getrieben wird. Ihr Motto lautet: „Erst und immer für die Künstler da sein." Ihre Gesprächspartner haben nicht den Eindruck, als ob sie demnächst aufhören möchte. Sie hat bereits Künstlerverträge bis ins Jahr 2005 in ihrem Safe. (Quelle: Der Spiegel 38/1997)

*

„Kein Wildschwein ist sicher vor *Madame Chaillard*" titelte eine Tageszeitung zu Beginn der Jagdsaison in Frankreich und bildete die alte Dame ab: Ziemlich zerknittertes Gesicht, aber sehr durchsetzungsfähige Miene, Hund am Strick, Gewehr von 1935 quer vor den Bauch – und auf gehts. Sie ist *90 Jahre* alt und „hat alle Termine (!) abgesagt", weil sie mit von der Partie sein will. (Quelle: dpa vom 03.09.1996)

*

Schon in meinem Buch „Mit 40 depressiv …“ habe ich die amerikanische Umweltaktivistin *Marjory Stoneman* geehrt. Damals war sie – schon erblindet – mit Ende 90 unermüdlich unterwegs in Sachen Umweltschutz. Es galt über viele Jahre, die Everglades (Sümpfe) in Florida zu retten. Mit *104 Jahren* ist sie wohl immer noch aktiv! Offenbar haben ihre beharrlichen Interventionen Früchte getragen: Die Everglades in Südflorida sollen nach 100 Jahren Fehlentwicklung (Flußbegradigungen, Trockenlegungen, Senkung des Wasserspiegels durch Entnahme des Wassers für mehrere Großstädte, Badezentren und rd. 50 Millionen Touristen pro Jahr …) renaturiert werden. „Nur eine weitgehende Wiederherstellung der „Regenmaschine Everglades“ (…) kann die Verwüstung noch stoppen. 28 600 qkm Land (eine Größe wie das Bundesland Brandenburg) soll in den ursprünglichen Zustand zurückversetzt werden.

Sicher hat auch das biblische und publikumswirksame Alter der streitbaren Dame zum Erfolg beigetragen. Eine 54jährige hätte sicher mehr Energie gebraucht, um diese Erfolge zu erzielen – wenn überhaupt! Über eine 96, 98, 104 … Jahre alte Streiterin berichtet es sich genuß- und vermutlich entschieden wirkungsvoller! Hier wird jedermann (und jede Frau) in ganz besonderer Weise aufmerksam. Neben ihrem eigentlichen Anliegen wird Marjory Stoneman sich diesen „Vorteil“ zunutze gemacht haben, im Interesse ihres Landes. (nach: Der Spiegel 43/94). Inzwischen ist die alte Dame im Alter von 108 Jahren verstorben.

*

Im Sommer 1998 hat sich die Amerikanerin *Eugenie Garside* ihren Lebenstraum erfüllt: Sie machte ihren Oberschulabschluß in Massachusetts nach. 1909 (!) mußte sie die Schule in der 3. Klasse verlassen, um bei der Versorgung ihrer elf jüngeren Geschwister zu helfen. Nun ist sie *98 Jahre* alt, hatte Mathematik, Geschichte und Literatur gepaukt und wurde „mit stehenden Ovationen von ihren 80 (!) Jahre jüngeren Klassenkameraden gefeiert". (Quelle:. ap vom 18.06.1998).

(Bei diesem Beispiel fallen mir spontan mehrere Bekannte beiderlei Geschlechts ein, die Zeit ihres Lebens alle Makel, Mängel, Enttäuschungen, Versagungen ... damit erklärten, daß sie wegen Kinderreichtums, Armut, Krieg, Unverständnis der Eltern ... kein Abitur machen durften und den Rest ihres Lebens darunter litten. Im Hinblick auf Eugenie Garside und entsprechende Altersgenossinnen lassen sich diese Klagen nur noch als reine Abwehrmechanismen bezeichnen.)

*

Astrid Lindgren, die weltberühmte schwedische Kinderbuchautorin (inzwischen *91 Jahre* alt), hat erst mit 84 Jahren aufgehört zu schreiben. Bis dahin hatte sie, die erst mit 37 Jahren für ihre eigenen Kinder zu schreiben begann, mehr als 70 „Bestseller" (Pippi Langstrumpf, Ronja Räubertochter, Die Kinder aus Bullerbü, Mio mein Mio, Die Brüder Löwenherz ...), Theaterstücke und Drehbücher geschrieben und sich auch als über 80jährige noch aktiv für Tierschutz, Kinderschutz, Naturschutz und Steuergerechtigkeit eingesetzt – eine Frau, auf die man hörte, weil (vermutlich) schon ihre politischen Verhandlungspartner als Kinder mit ihren Büchern großgezogen worden waren. Sie war und ist nicht nur eine alte Frau, sondern international eine „Institution". So wurde sie von niemand geringerem als dem damaligen Oberhaupt der Sowjetunion – Michael Gorbatschow – empfangen. Es soll eine sehr eindrucksvolle menschliche und politische Demonstration gewesen sein.

*

Im Jahre 1912 wurde die englische Autorin *Mary Wesley* geboren. Das Werbefoto ihres Verlages macht geradezu Appetit, sie einmal kennenzulernen: wache Augen, vorteilhafter Lippenstift, kräftige weiße Haare, großer Strohhut mit buntem Band ... Erst mit 70 Jahren begann sie in England die Bestsellerlisten zu erobern. Zu schreiben hatte sie begonnen, als ihr zweiter Ehemann starb: „... um über den Schmerz hinwegzukommen. Es half. Und es brachte Geld ..." „Schmöker über Großbritanniens upperclass" nennt ihr Verlag ihre Werke. Mit inzwischen *83 Jahren* fesselt und amüsiert sie ein Millionenpublikum mit unkonventionellen Heldinnen, witzigen Dialogen, nachsichtig toleriertem Inzest, lebenslangem Ehebruch und ausgesprochen lustigen Witwen. Auch ein paar harmlose Wüstlinge und leidenschaftliche Affairen schmücken die Seiten. Mary Wesley schreibt auch aus eigener Erfahrung: Der sozialen Schicht, über die sie schreibt, gehörte sie einst an. Aber ihren ersten Ehemann, einen älteren Baron, verließ sie, um dann erst einmal wilde Zeiten zu durchleben. Als sie später ihrer großen Liebe begegnete, der sie treu blieb, war dennoch nicht alles so, wie es sich in ihrer Schicht gehört hätte. In einem Alter, in dem andere Frauen sich längst zur Ruhe gesetzt haben, begann sie zu schreiben. „Natürlich bin ich dadurch eine Kuriosität. Ich wette, wenn ich jünger wäre, hätte es niemand zur Kenntnis genommen, daß in meinen Büchern Sex vorkommt. Aber: Wann hört man denn auf, an Sex zu denken?" (Eva Herold-Münzer/Verlags-Information).

*

In der Luft ein Doppeldecker, der sich zur Landung anschickt. Begeisterte Zuschauer am Flughafenrand klatschen, denn ... die Fliegerin ist *84 Jahre* alt, die „Ikone unter Fliegern" *Dr. Helena Hamilton.* Als persönliche Assistentin eines britischen Offiziers entdeckte sie im 2. Weltkrieg in Burma ihre Leidenschaft fürs Fliegen. Als 66jährige machte sie Schlagzeilen in der „Times". Eigentlich war sie nur zur Volksbelustigung (pfui!) eingeladen worden, als es darum ging, gegen einen britischen Schnellzug der neuesten Generation anzutreten. Aber Helena Hamilton zischte in ihrer kleinen Maschine plötzlich davon und mußte über Funk gebeten werden, langsamer zu fliegen, damit der Superzug nicht allzu peinlich aussehe.

Reiten und Schießen waren die Leidenschaften des 1914 geborenen Kindes. Als ihr frisch angetrauter Ehemann 1939 nach Burma versetzt wurde, ging sie mit. Aber dort gab es für sie als Frau nichts zu tun. Auf der Suche nach einem Frauenregiment schiffte sie sich nach England ein, landete aber in Afrika – als Erntehelferin, später als Codiererin von geheimen Nachrichten. Mit 42 Jahren begann sie mit einem Medizinstudium und mit

47 Jahren konnte sie sich dann endlich eine gebrauchte Maschine leisten – für 600 Pfund. Heute wird dieses altertümliche Teil auf 30 000 Pfund geschätzt, aber sie wird es nicht verkaufen. Von ihrer „Hornie" wird „erst der liebe Gott" sie trennen! (Aus: BRIGITTE 18/98)

Wo findet man sie – Teil III – Aber auch Deutschland ...

... hat eine große Zahl imponierend aktiver und lebendiger alter Frauen aufzuweisen.

Sie gründen mit 82 Jahren Schachclubs und leiten sie mit 86 immer noch. Sie tapezieren mit 81 Jahren ohne Hilfe ihre eigene Wohnung. Daß sie (fast) alle mit 80, 82, 86 ... noch Auto fahren, finden sie selbstverständlich, und daß sie für die zwanzig Jahre jüngere Nachbarin Einkäufe tätigen, weil die „nicht mehr so kann", ist selbstredend. Da wird mit gelegentlicher männlicher Hilfe für das Grobe der 800 Quadratmeter große Garten bewirtschaftet inklusive der althergebrachten Vorratswirtschaft (diese Marmeladen!) und über all das wird gar kein Wort verloren, weil es selbstverständlich ist. So haben sie es 60 Jahre lang gehalten, und „das Alter" ist kein Grund, solche Aktivitäten aufzugeben. „Besonders" finden es nur die Jüngeren!

*

1996 organisierte die damals *84jährige Freyja Scholing* eine komplette Umweltmesse mit 105 Ausstellern in Lüneburg. Nach Aussagen des Oberstadtdirektors gilt sie als das „ökologische Gewissen der gesamten Region". Wenn eine alte, dicke Eiche gefällt werden soll, verläßt sie sich nicht auf Amtsschimmel, kleinen

Dienstweg und Parteienpolitik, sondern begibt sich stehenden Fußes an den Ort des geplanten Baumfrevels. Aus demselben Grund hat sie sich einst zu einer Privataudienz beim Niedersächsischen Ministerpräsidenten angesagt, um ihm bei Keks und Tee zu erklären, „warum die Bevölkerung im Wendland die geplante Wiederaufbereitungsanlage nicht will". (Diese wurde dann als „politisch nicht durchsetzbar" auch gestrichen.)

Freyja Scholing hat früher eine landwirtschaftliche Schule geleitet, vier Kinder großgezogen und später eine DRK-Hauspflegestation mit 35 Mitarbeiterinnen aufgebaut. 13 Jahre lang vertrat sie „Die Grünen" im Kreistag und im Samtgemeinderat. Ab dem 70. Lebensjahr organisiert sie nun gemeinsam mit anderen Menschen Umweltmessen, für die sie Schulklassen und Politprominenz aufbietet. „Die Parteien sind nicht die Rettung, auf den einzelnen Menschen kommt es an", ist ihr Credo. (Aus: HAZ 9/96)

*

Die sechsfache Urgroßmutter *Emmy Hagenmeyer* in Bremen ist vermutlich das älteste Mannequin der Welt. Sie ist *90 Jahre* alt. „Mitgeschleppt" wurde sie von ihrer Enkeltochter. Ganz unbekannt ist der alten Dame, die die Konfektionsgröße 44 präsentiert, die „show" aber nicht – sie war früher Opernsängerin. (Aus: NP vom 15.5.1997)

*

Mit *101 Jahren* zeigt *Theodore Bald* in ihrem Altenwohnheim in Hannover gerne noch kleine gymnastische Übungen. So klapprig wie „die Jungen" sei sie schließlich nicht, läßt sie den Journalisten wissen, der sie zu ihrem hohen Geburtstag besucht hat. (Aus: HAZ vom 21. 2. 1998)

*

Als die Zeitung über eine aktive *80jährige* Gymnastiklehrerin berichtet, fühlt sich ein Leser verpflichtet, zur Feder zu greifen und über seine Tante zu schreiben: *Ilse Holst* aus Barsinghausen ist *86 Jahre alt,* war viele Jahre bei verschiedenen Turnclubs tätig und leitet – vorturnend – nach wie vor Gymnastikgruppen. (Aus: HAZ vom 8. 3. 1997)

*

Zum 40jährigen Geburtstag des Internationalen Soroptimist-Clubs in Hannover wurde eine Ausstellung von drei seiner Künstlerinnen eröffnet. Die älteste Teilnehmerin war die *92 Jahre alte Erika Wahrendorff-Cornelsen,* die noch immer als Bildhauerin tätig ist. Ihre Arbeiten beziehen sich auf die antike Mythologie. Das interessanteste Stück ihrer Arbeiten – so fanden die Journalisten – ist ein Teller aus Ton, auf der die jordanische Stadt Petra eingemeißelt ist. (Aus: Hannoversches Wochenblatt 6/96)

*

Noch nicht so ganz 80 (aber Ausnahmen bestätigen die Regel – und diese beiden folgenden sind besonders anschaulich) sind zwei Frauen, über die die Presse berichtete:

Mit *78 Jahren* wurde *Hildegard Bokeloh* für die Bühne „entdeckt". Eigentlich wollte sie nur bei einer Führung die Städtischen Bühnen Hannovers kennenlernen. Im Ballettsaal des Opernhauses passierte es dann: Der Mann am Klavier sagte, daß er Statistinnen suche. Sein Blick fiel auf Frau Bokeloh: „Genauso einen Typ wie sie brauche ich." Seither gehört sie zum Ensemble, hat plötzlich eine Aufgabe – auch wenn das moderne Stück sich ihr nicht ganz zu erschließen vermag. Ein „richtiges Glücksgefühl" sei es, auf der Bühne zu agieren. „Draußen bin ich nur die Alte, hier nicht", sagt sie und hofft auf ein weiteres Engagement. (Aus: HAZ vom 31.3.1998)

*

Und noch ein Jahr jünger ist *Gisela Knoll – 77 Jahre!* Sie ist aktive Widerständlerin aus dem Wendland, das sich fast geschlossen gegen den Atommüll wehrt, der „todbringend und menschenverachtend" zwischen- und endgelagert wird in einer Landschaft, die von vielen großstadtmüden Menschen gewählt wurde, um gesund leben zu können. Gisela Knoll protestiert unter Wahrung der Etikette. Polizeibeamte siezt sie so selbstverständlich wie ihre Mitdemonstranten. (...) Einer Personalienfeststellung hat sie sich mit ausgemachter Höflichkeit entzogen: „Ihre Papiere bitte." „Warum?" „Damit ich weiß, wie sie heißen." „Warum wollen sie das denn wissen?" „Damit ich sie mit ihrem Namen anreden kann." „Nennen sie mich doch einfach ‚Gnädige Frau'!"

Während der Hauptdemonstration saß die 77jährige in Dannenberg auf der Straße, schwarz gekleidet wie zu einer Beerdigung. Mit anderen Frauen häkelte sie an einer symbolischen Textilie, dem Leichentuch für die Atomindustrie. Der Kampf gegen die Atomindustrie sei nicht mit Gewalt zu gewinnen, sondern nur mit List, Tücke und Diplomatie. Das hatte sie bereits unter Beweis gestellt: Den Pförtner der Kreisverwaltung Lüchow hatte die alte Dame überredet, die Tür zu öffnen. Alsdann öffnete sie das Parterrefenster des Gebäudes und ließ über zwanzig Atomgegner hinein, die daraufhin die Kreisverwaltung „besetzten". (Aus: SPIEGEL 20/96)

*

Nachdem im Freundeskreis bekannt geworden war, daß ich „tolle alte Weiber" suche, schrieb mir ein Freund: „Auf der Rückfahrt haben wir in Bern die Freundin meiner Mutter im Altenheim besucht. Sie wird jetzt im März 101 Jahre alt und ist – sieht man davon ab, daß sie rasch vergißt, was man ihr mitteilt – gut beieinander. Sie hat eine enge Beziehung zu ihrer jüngsten Schwester, die 90 Jahre alt ist. Diese wohnt in einem hübschen Altbau im 4. Stock ohne Lift in einer Drei-Zimmer-Wohnung. Sie hat noch eine weitere Schwester (98 Jahre), die in einem anderen Altersheim in Bern lebt. Jeden Morgen um 9.00 Uhr verläßt sie ihre Wohnung, um den Tag abwechselnd mit den beiden Schwestern zu verbringen. Nicht vor 18.00 Uhr kommt sie heim. Sie wartet auf den Mai, weil man von da an in der Aare schwimmen kann. (Mir wäre es sogar noch im August zu kalt.) Erst dann fühlt sie sich wieder als Mensch. Ich schreibe das wegen ihres Buches über alte Frauen. Die 90jährige war Redakteurin, die 98jährige Zahnärztin und die 101jährige Lehrerin an einer Lehrerinnenbildungsanstalt ..."

*

Dazu fällt mir eine alte Dame ein, die jedes Jahr Anfang Mai auf Sylt die Badesaison eröffnet, auch wenn das

Wasser nur 12 bis 13 Grad hat. Sie ist 91 Jahre alt, winzig klein, geht sehr gebückt und kann Treppen nur noch rückwärts hinuntergehen. Mit ihren mehrmaligen Bademanövern pro Tag beschämt sie regelmäßig uns „Junge", die wir dick vermummt am Strand stehen und ihr zuschauen.

Zum Frühstück bei den drei alten Damen

Wie wird man zu einem gepflegten Frühstück bei drei alten Damen zwischen 80 und 93 Jahren erst eingeladen und dann halb wieder ausgeladen, um zu guter Letzt wie eine etwas ungeratene Schülerin auf dem Präsentierteller dreier mehr oder weniger gestrenger „Lehrerinnen" auf Qualität hin überprüft zu werden? Die drei folgenden Biographien zeigen: Ich habe bestanden – nicht unbedingt mit Prädikatsexamen –, aber wen interessiert das am Ende schon?

Für diese Geschichte muß ich etwas weiter ausholen:

Es war ein Zufall – falls es Zufälle gibt –, daß ich mitten im Sommersemester während der Vorbereitungsarbeiten zu einem Seminar „Reformpädagogik" etwas im Radio über ZIS erfuhr. Es war nur eine kurze Notiz, eingestreut in das vormittägliche Musikgedudel. Reisestipendium für Jugendliche ... hohe Anforderungen ... Abenteuer ... Das alles hörte sich nach reformpädagogischen Ideen an, denen ich gerade für das auslaufende Jahrhundert nachspürte.

Der Bitte um Informationsmaterial wurde postwendend entsprochen. Das was ich las, versetzte mich in (völlig unwissenschaftliche) Begeisterung: Hier wurde von Jugendlichen nicht nur viel erwartet, sondern es wurde viel für sie getan: Seit fast 40 Jahren, ehrenamtlich und fast „im stillen Kämmerlein".

Und auf welche Ergebnisse blickte die Organisation zurück? Was haben 40 Jahre für Erfolge gebracht? Wer hat mit welchen Fragestellungen die Tagebücher und Studien ausgewertet? Das, so erfuhr ich ebenfalls postwendend, habe bislang niemand erhoben. Die Arbeiten würden fein säuberlich in großen Schränken aufbewahrt und nur einmal jährlich werden vor allem aktuelle, aber auch ältere besondere Arbeiten hervorgeholt und beim Jahrestreffen der ZISler in Salem ausgestellt.

„Wenn Sie Zeit und Lust haben, sind Sie gerne zu unserem nächsten Treffen eingeladen. Es findet am 2. Maiwochenende statt."

Meine „Korrespondentin" in dieser ein wenig geheimnisvollen, ein bißchen spannenden, ein Quentchen mysteriösen Angelegenheit war Hanna Dorno. Natürlich würde ich fahren – immer auf der Suche nach Neuem, vor allem nach Außergewöhnlichem. Daß sich hinter der Einladenden, die mir umgehend ein Hotelzimmer besorgt und mich mit dem Auto vom Bahnhof abholt, eine fast 80 Jahre alte Dame verbirgt, wußte ich gottlob nach einem vorbereitenden Telefonat – sonst wäre ich doch wohl reichlich verblüfft gewesen: eine frische Stimme, selbstbewußt, deutlich, ohne den Sprach-Schnick-Schnack meiner Generation ... eine feine, klare, bewegte Handschrift ohne auch nur die Andeutung von Zittern und Zagen ... Ja und: dem Wissen, was diese Frau eben *tut!*

ZIS in Salem

Zu meiner Schande muß ich gestehen, daß ich auch nach emsiger Tätigkeit für diese Organisation nicht so recht weiß, für was diese drei Buchstaben eigentlich stehen. Sie sind eine Abkürzung von ...? Aber da befinde ich mich in guter Gesellschaft offenbar (fast) aller ZISler: Sie wissen es auch nicht. Das ist eine der vielen liebenswerten Kuriositäten rund um „ZIS".

„ZIS-Stiftung für Studienreisen e. V." heißt dieses interessante Gebilde, das ich also an einem Maiwochenende kennen, bewundern und lieben lernte. Ich zitiere aus dem Informationsprospekt:

„Begründer der Idee, Studienreisen zu den besonderen ZIS-Bedingungen zu finanzieren, war der französische Architekt und Geologe Jean Walter (1876–1957). Er war überzeugt, seinen ungewöhnlichen beruflichen Erfolg, seine Menschenkenntnis und die Freude am Überwinden von Schwierigkeiten den Erfahrungen einer Reise zu verdanken, die er als Schüler allein und mittellos nach Istanbul unternommen hatte. Als Unternehmer kam er später durch die Entdeckung von Blei- und Zinkvorkommen bei Zellidja in Ostmarokko zu großem Vermögen. Einen Teil des Ertrags dieser Minen stiftete er 1948 für die ‚Fondation Nationale des Bourses Zellidja', für die die ‚Academie Française' das Patronat über

nahm. Jean Walter wollte damit der jungen Generation Frankreichs, deren Unternehmungslust er verkümmern sah, entsprechende Erfahrungen ermöglichen, wie er sie auf seiner Reise in die Türkei gemacht hatte.

Marina Ewald (1887–1976), Mitbegründerin und zeitweise Leiterin des Internats Schule Schloß Salem griff 1956 diese Idee auf und erweiterte den Stipendiatenkreis auf Jugendliche aller Nationalitäten. Zwei Jahre vor seinem Tod konnte Jean Walter den Versuch, seine Gedanken über die Grenzen Frankreichs hinauszutragen, noch erleben und unterstützen. Anders als bei der ‚Fondation Zellidja', standen Marina Ewald weder angestellte Mitarbeiter noch finanzielle Mittel aus der Stiftung Jean Walters zur Verfügung. Sie ermöglichte die weitere Arbeit aus Spenden, mit Hilfe von Förderkreisen und der Schule Schloß Salem, sowie aus eigenen Mitteln. Mit großem Engagement trat sie mit allen Stipendiaten in persönlichen Kontakt und unterstützte die Reisevorbereitungen mit umfassenden Kenntnissen und unerschöpflichem Ideenreichtum. Für ihren außerordentlichen Einsatz verlieh ihr der französische Erziehungsminister 1966 die ‚Palmes academiques', die höchste Auszeichnung, die an Ausländer für Verdienste um die französische Kultur vergeben wird.

Seit ihrem Tod im Jahre 1976 wird ZIS, wie sich die Organisation in Deutschland nennt, von ehemaligen Stipendiaten, sowie Freunden der Idee, in der Form des eingetragenen gemeinnützigen Vereins ZIS e. V. (Zusammenarbeit internationale Studienreisestipendien) auf ehrenamtlicher Basis weitergetragen. Im Jahre 1979 übernahm die deutsche UNESCO-Kommission die Schirmherrschaft für ZIS. Ebenfalls unterstützt wird ZIS seit 1978 von der Studienstiftung des deutschen Volkes."

„Die Idee" ist, junge Menschen reisen zu lassen ... zu Bedingungen, die jeder Mutter das Herz still stehen und jedem Reformpädagogen das Herz höher schlagen lassen:

- *Im Alter zwischen 16 und 20 Jahren machen sie sich auf den Weg,*
- *solo (strikte Bedingung!),*
- *ins Ausland (Erdteil kann frei gewählt werden, bisher fehlen in der Sammlung nur noch Australien, die Arktis und die Antarktis, aber insgesamt wurden mehr als 50 Länder der Welt bereist),*
- *sie müssen mindestens vier Wochen unterwegs sein,*
- *nach oben hin sind dem Abenteuer zeitlich keine Grenzen gesetzt,*
- *sie reisen zu einem vorher festgelegten und gut vorbereiteten Thema (nur so herumbummeln gilt nicht!)*
- *ja ... und für diese Aktion stehen ihnen frei nach dem Motto „Finanzknappheit fördert die Phantasie" ganze 800,– DM Stipendium – alles inklusive – zur Verfügung: egal welcher Erdteil, egal welche Reisedauer, egal welcher Anreiseweg, mit welchem Verkehrsmittel. Mit Mutters heimlich zugestecktem Taschengeld wird nicht geschummelt! Wer nicht auskommt, kann zu Fuß gehen, trampen, hungern, sich einladen lassen, betteln, auf der Straße musizieren, arbeiten (z. B. Nelken zählen auf den Kanaren, Weinberge roden in Südfrankreich, Küchendienst betrei-*

ben auf einem die Ozeane durchpflügenden Seelenverkäufer ...). Vorzeitiger Abbruch ist ‚Feigheit vor dem Feind' und gilt als ‚nicht bestanden'.

- *Es müssen unterwegs ein Tagebuch und ein Haushaltsbuch geführt und die geplante Arbeit absolviert werden.*
- *Nach heiler Rückkehr folgt dann der zweite Teil der Aufgabe: Das Abschreiben des Tagebuches, die pfenniggenaue Abrechnung und die schriftliche Ausarbeitung der Thematik wie z. B.*
  - *„die Frauenrolle im Islam am Beispiel Aleppo/Syrien"*
  - *„Begräbnisstätten im alten Griechenland"*
  - *„die creolische Sprache auf Guadeloupe"*
  - *„Indianer in South Dakota"*
  - *„Müllarchäologie der Edinburgher Jahrhundertwende"*

Das Ganze ist natürlich termingebunden – wer solche Abenteuer besteht, schlampt (bitte) auch nicht am heimischen Schreibtisch.

Nach Eingang aller Arbeiten eines Jahres prämiert eine Jury und lobt Preise aus: neben Buchpreisen gibt es als Volltreffer ... 500,– DM, die für ein beliebiges Bildungsprojekt im Ausland mitverwendet werden dürfen. Die Preise werden in einem feierlichen Akt im „Salemer Wohnzimmer" verliehen: die „alten" Reisenden berichten. Die „Neuen", die für die kommende Saison schon in den Startlöchern stehen, lauschen. Alle gemeinsam tauschen sich aus, bewundern die ausgestellten Arbeiten und befeiern ihr Glück, ZISler zu sein!

Damit all das geschehen kann – und damit beende ich meinen Ausflug in die Welt der Jugendlichen, um zu den alten Damen zurückzukehren –, arbeitet Hanna Dorno seit über 20 Jahren ehrenamtlich für ZIS, ist Bürofrau und Organisatorin, Korrespondentin der Jugendlichen, Ratgeberin, Finanzbeschafferin, Mahnerin, Werberin, Erzieherin, Sammlerin, Gastgeberin ... Und so ganz nebenbei ist sie darüber 80 Jahre alt geworden! Nicht, daß sie diese Arbeit ganz alleine täte: Ihr stehen viele (auch alte) ehrenamtliche Kräfte in nah und fern für bestimmte Aufgaben zur Seite. So bekommt jeder jugendliche Reisende von Anfang bis Ende eine/n Betreuer/in zur Seite gestellt, auf daß das anspruchsvolle Werk auch gelingen möge und den jungen Menschen durch Erfolg stärkt (im Gegensatz zum herkömmlichen Schulwesen!).

Aber Hanna Dorno ist eben „die Zentrale"; der Mittelpunkt, die integrierende und organisierende Kraft!

Nach der Teilnahme an dem bewußten Jahrestreffen, dem Kennenlernen der Organisatoren und vieler Jugendlicher und der Bewunderung der ausgelegten Reiseberichte entschloß ich mich, die bisherigen 40 Jahre ZIS aufzuarbeiten. Ich zog in den großen Ferien, als das Internat Schloß Salem leer und einsam lag, in eine frisch renovierte Lehrerwohnung, las, schrieb, rechnete (Statistik!) – und wurde bedient: mit immer neuen, nach strenger Auswahl zusammengestellten Arbeiten aus den Tiefen der alten Schränke, mit Earl-Grey-Tea, Nachmittagskuchen und Abendessen – von Hanna Dorno – und einigen gelegentlich auftauchenden Mitarbeitern.

Als die Idee zu diesem Buch entstand, war klar: Hanna Dorno sollte mitwirken. Aber so leicht wie die meisten anderen hat sie es mir nicht gemacht: mit viel Skepsis und guten Ratschlägen (wie für eine ZIS-Reise!) wurde ich schon am Telefon bedacht – und dann kam vor Ort die Einladung zum Frühstück der drei alten Damen, die sie der Mitwirkung für würdig befunden hatte, die aber erst einmal ausführlich informiert werden wollten. Eine von ihnen kannte ich bereits: Jutta W., die 84jährige, die ebenfalls bei ZIS als Betreuerin von Jugendlichen mitarbeitet und Luise Weber, eine Nachbarin, von deren Aktivität und Vitalität mir Hanna Dorno schon am Telefon erzählt hatte.

Die nur *halbe* Frühstückseinladung hatte den Pragmatismus dieser Generation mit ihren zwei Weltkriegen als Grundlage: Da ich im Hotel Übernachtung und Frühstück gebucht hatte, sollte ich dort das Bezahlte auch abessen und erst etwas später zu einer Tasse Tee hinzustoßen!

Und da saßen sie: Gepflegte Atmosphäre, gepflegter Frühstückstisch, gepflegte Kleidung, gepflegtes Make up, gepflegter Schmuck, gepflegte Unterhaltung und gepflegtes Temperament! Schnell wurde deutlich: Hier wird auf Qualität gesetzt – es wird nicht getratscht, es wird nicht über Krankheiten geredet, frau läßt sich nicht gehen, jede trägt zum Gelingen eines solchen Treffens bei und zu seiner Qualität.

Ich durfte zunächst meinen Nachfrühstückstee trinken, das vorangegangene Thema wurde abgeschlossen und dann wurde mir das Wort erteilt: mein Buch! Verlag? Intention? Leserkreis? Gliederung? Bedenken, Vorschläge, Kritik … Irgendwie machte es mich zunächst griesgrämig, über meine Arbeitspläne so detailliert Auskunft geben zu müssen. Aber die Fragen kamen mit einem großen Maß an tiefem Interesse, auch an Neugier, mit viel Engagement … Ja und schließlich will niemand in einem Buch erschienen, das schlampig gearbeitet ist oder gewisse unliebsame Tendenzen oder Ideologien aufweist. Und letztlich waren sie einfach alle charmant mit mir Küken!

Daß ich mit aktueller Literatur nichts am Hut hatte und statt dessen (danach befragt!) meine Lieblingskrimis aufzählte, daß die hochaktuelle Außenpolitik mich auch nicht zu Begeisterungstürmen des Interesses hinriß und daß ich auch sonst einige Bildungslücken aufwies, wurde vermerkt (vermute ich), aber zum Teil geschickt und höflich übergangen. Heftig diskutiert wurde mein geplanter Buchtitel: „Tolle alte Weiber". Den Titel wollten sie nicht! Sie seien weder „toll" noch „Weiber"! Der Hausaufgabe, sich etwas ähnlich schönes auszudenken, kamen sie nach vielen Monaten nach: Dieser Titel dürfe bleiben – aber mit einem Fragezeichen versehen und mit einem schönen Untertitel!

Und dann folgten an diesem – meinem dritten ZIS-Mai-Wochenende – die Interviews mit Hanna Dorno, Luise Weber und Jutta W.

„Offenbleiben für andere Menschen und Dinge. Das ist das Wesentliche. Alles andere findet sich schon."

(Hanna Dorno, 80 Jahre alt)

Im Gespräch mit Hanna Dorno interessierte mich zunächst am meisten, wann und wodurch sie überhaupt auf ZIS und Salem gestoßen war – wußte ich doch, daß sie etwa zwanzig Jahre „dabei" war.

Aber Salem, das Schloß-Internat nahe Bodensee, *das* Renomierinternat der Reformpädagogik der zwanziger Jahre hatte für sie eine schon sehr viel ältere Bedeutung.

„Nach dem 1. Weltkrieg baute mein Vater mit einem befreundeten Zoologen das Institut für Seenforschung am Bodensee auf, das es heute noch gibt. Vorher hatte er in Italien gearbeitet, wollte aber nach Deutschland zurück, wegen der drei Kinder. Für den Bruder schaute der Vater sich nach einer sinnvollen Schule um und hörte: Im Hinterland tut sich was, da wird ein Internat aufgemacht. Er fuhr hin und fand es eine tolle Sache, was da gemacht wurde. Kurt Hahn und Max von Baden waren die Initiatoren. Sie wollten die Jugend aus den verwahrlosten Nachkriegsstätten herausholen und aufs Land bringen. Das war ihre Reformpädagogik. Vater war begeistert: Schüler in der Natur aufwachsen zu lassen und ihnen Verantwortung zu übergeben – damals gab es allgemein ja noch keine Schülermitverwaltung. So kam mein Bruder nach Salem. Er war neun Jahre älter als ich. Als mein Vater später nach Bonn ging, weil er wegen der Inflation mit seinem Institut nicht mehr weiter konnte, wurde auch meine Schwester nach Salem gegeben. Sie war sehr schwerhörig und hatte in Bonn keine Chance in einer Klasse mit 60 Mädchen. So fiel der Entschluß für Salem leicht. Ich war die Jüngste, die blieb zu Hause. Dann starb im Alter von 48 Jahren der Vater. Die Mutter – ohne Pensionsanspruch – kriegte auf dem Gnadenweg 100,– DM oder so was. Die Verbindung nach Salem bestand durch die beiden Geschwister, und da sagte Kurt Hahn: Wir nehmen ihnen erstmal die Kleine von der Tasche. Sonst wäre ich auch nicht weggekommen, die Mutter hat sich auch nicht gerne von mir getrennt. So kam ich also nach Salem!

Inzwischen waren meine beiden Geschwister mit Abitur wieder zu Hause in Bonn und konnten dort studieren. Als Universitätsangehörigenkinder waren sie von den Kolleg-Geldern befreit. Die Mutter – reicher Leute Kind – hatte doch keine Ahnung vom praktischen Leben. Sie konnte keinen Topf spülen, und ich habe mich später geschämt, daß wir alles so selbstverständlich hingenommen haben damals. Aber ihre Richtlinie war: jedem Kind die beste Förderung. Meine Schwester hat Naturwissenschaften studiert, bis ihr Gehör ganz weg war. Mit 22 Jahren war sie völlig gehörlos. Die Ursache blieb immer ungeklärt. Sie lebt heute noch, ist 87 Jahre alt.

Ich habe kein Abi gemacht, weil ich schon Tuberkulose hatte. Ich war ein Nachkriegskind und Kümmerling in jeder Beziehung. 1918 geboren, Vater noch in der Türkei, vom Auswärtigen Amt dort eingesetzt, erst zur Heuschreckenbekämpfung und dann als Fischereidirektor.

Die Mutter war auch erst mit den zwei Älteren dort und kam zurück, wohl weil ich unterwegs war und weil man schon sah, daß der Krieg zu Ende ging. Als Vater wiederkam, gab es nichts mehr zu essen.

Mit fünf oder sechs Jahren hatte ich Keuchhusten und dann eine Hilusdrüseninfektion, mit 17 dann eine richtige offene Tuberkulose. Deswegen mußte ich von der Schule abgehen. In Davos hatte ich einen Onkel, der dafür sorgte, daß ich einen Sanatoriumsplatz bekam: zweieinhalb Jahre war ich fest im Sanatorium und die andere Zeit, eineinhalb Jahre, ambulant, bis alles abgeschlossen war.

Ich habe eine abgeschlossene Fotografenausbildung mit Gesellenprüfung. Ursprünglich hatte ich einen pädagogischen Beruf angestrebt, aber durch die Krankheit und die NS-Bestimmungen kam es nicht dazu. Es gab damals ein NS-Verbot für alle Berufe für den Umgang mit Kindern, mit Menschen überhaupt, wenn man Tuberkulose gehabt hatte. Sie war bei mir ausgeheilt, dennoch gab es für mich diese Möglichkeit nicht.

Als Fotografin habe ich in einem Reichsberufswettkampf einen Preis und eine Urkunde gewonnen. Das gab es in allen Berufsschulen. Die Aufgabe hieß „Männerportraits". Mein Gott nein, es gab doch gar keine Männer, die waren doch alle im Krieg geblieben. Und in der Berufsschule fragten wir uns dann: Wo sollen wir die denn herkriegen, die wir fotografieren sollen? Da kam plötzlich eine angestürzt: Da unten sitzt eine ganze Klasse voller Männer. Wir sind alle runter gerannt. Ich bin zum nächsten Besten und habe gesagt: Kommen Sie!

Und ausgerechnet dieses Bild hat dann einen Preis gekriegt.

Fotografie im Krieg war nicht nur geduldet, sondern wurde sogar subventioniert, denn erstens wurden pausenlos Paßbilder gebraucht, und dann gab es immer noch Material, weil es wichtig war, daß die neugeborenen Babys auf dem Eisbärenfell fotografiert und an die Front geschickt wurden zu den Soldatenvätern. Das war etwas ganz Kriegswichtiges! Dadurch waren wir ein kriegswichtiger Betrieb. Das war sehr vergnüglich mit meinen zwei Lehrlingen – aber dann fielen die Bomben pausenlos, und von Köln war am Schluß nichts mehr übrig. Als im Betrieb dann Wasser und Strom ganz weg war, konnte keiner mehr arbeiten. Da bin ich zur Mutter nach Bonn gezogen, bis auch dort alles zerstört war. Da hatten wir gar nichts mehr. Wir wurden evakuiert nach Westfalen. Dort strömte dann auch die ganze Verwandtschaft zusammen. Das war die Überlebenszeit, wie sie die ganze Generation erlebt hat.

Nach dem Ersten Weltkrieg gab es bei uns keine Steckrüben, sondern Rote Rüben. Meine Mutter als gute Ostpreußin machte daraus schauerliche Sachen. Ich kann die Dinger heute noch nicht essen. Ich habe da ein Trauma fürs Leben mitbekommen. Und der Vater sagte immer – die Mutter konnte ja auch nicht kochen – ‚liebe Kinder, wir haben nicht viel. Die Mutter gibt sich Mühe, aus allem was zu machen. Ihr dürft loben, so viel ihr wollt. Meckern gilt nicht, Gesicht verziehen gilt auch nicht, dann könnt ihr im Flur aufessen!' Und wenn die Roten Rüben kamen, ging ich eben in den

Flur. Soßenkartoffeln und Rote Rüben, das ist das, was mir als Kindernahrung in Erinnerung geblieben ist: Wasser, Mehl und Zwiebeln als Soße angerührt.

Salem hat uns Kinder geprägt. Durch die geschichtliche Entwicklung war bei uns ja auch kein wunderschönes Elternhaus. Wir wurden geliebt, aber es war kein schönes Umfeld für uns. Die französische Besatzung, die grauenhafte Wohnung in Bonn, alles viel zu eng. Da war Salem einfach herrlich."

So war Salem für Hanna Dorno also schon Historie, als sie mit 58 Jahren ein zweites Mal hinkam.

„Mit 58 bin ich dann also wieder nach Salem. Da löste sich alles auf in der Familie, in der ich gelebt hatte. Nach Salem kam ich durch die alte Dame, durch Marina Ewald. Das war meine Erzieherin von früher, mit der war ich immer in Verbindung geblieben. Sie leitete damals Spetzgart (eine von drei Abteilungen der Schule Schloß Salem) – und ich glaube, ich verdanke ihr auch Materielles. Ich habe es nie erfahren. Aber als ich krank wurde, war plötzlich Geld da, das eigentlich nicht da sein konnte. Ich glaube, daß sie für das Geld gesorgt hatte.

Sie lebte in geradezu unerfreulicher Sparsamkeit, um nicht zu sagen Geiz. Aber wenn ihr etwas wichtig war – sie hatte Vermögen –, dann gab sie es auch aus. Sie war eine sehr interessante Persönlichkeit."

„Hat sie Sie gerufen?"

„Die Korrespondenz bestand all die Jahre. Sie hat bei mir angefragt: Kannst du nicht? Und eines Nachts wußte ich plötzlich, daß sie jemanden braucht, sie war ja schon tief in den Achtzigern, und sie war im Umgang schwierig. Es hielt keine Putzfrau bei ihr aus und kein Hausmeister und niemand.

Aber sie hatte Ideen ...!! Ich konnte mit diesen Ideen umgehen, weil überall dahinter Überlegungen standen. So hatte sie z. B. gestückelte Teppichreste auf dem Boden liegen, wegen der Wärme. Eines mußte genau eine Handbreit entfernt von dem anderen liegen. Das war natürlich für mich, die ich nie so korrekt war, sehr mühsam. Es hatte aber seinen Sinn: Wenn sie nachts auf die Toilette mußte, sah sie den hellen Streifen und wußte, wo sie sich festhalten mußte. Das nur als Beispiel. Deshalb konnte ich auch mit ihr umgehen. Sie bewohnte fünf Riesen-Räume mit altem Berliner Hausrat. Ich hatte etwa 120 Möbelfüße abzustauben!

Und dadurch kam dann auch die erste Begegnung mit ZIS. Marina Ewald war von je her eng befreundet mit der Familie Hahn. Kurt Hahn und sie hatten als Kinder zusammen gespielt: Wenn wir mal groß sind, machen wir eine eigene Schule auf. Kurt Hahn hat sie dann bei der Gründung von Schule Schloß Salem schnell dazugeholt. Sie hat Salem praktisch mitbegründet, und sie hat auch die Mädchen nach Salem geholt. Sie hat alle Jahre in Salem mitgearbeitet. Als Kurt Hahn eingesperrt wurde – Schutzhaft, Verweisung, London – er war Jude –, galt sie ebenfalls als politisch suspekt und wurde suspendiert. Sie durfte zwar noch unterrichten, aber sie durfte nicht mehr mit den Schülern sprechen.

Ich war immer mit ihr in Verbindung geblieben. Bruder und Schwester hatten sie ja auch schon als Lehrkraft gehabt. Ich hatte dann alle Aufgaben bei ihr: Pflege, Betreuung, Haushalt – volle Versorgung … und ZIS. Marina Ewald hatte ZIS 1956 in Frankreich kennengelernt und für Salem als eine wichtige reformpädagogische Idee importiert.

Sie schrieb für ZIS ja die Briefe mit der Hand – wunderschön und ohne Durchschrift. Es gibt leider keine Kopien. Der Rainer L. hat einige von ihnen und hält sie wie in einem Heiligenschrein. Die Briefe waren oft unbequem, aber trafen immer genau den Punkt. Das sind Dinge, die ihr von uns keiner nachmachen konnte.

Irgendwann sagte die Salemerin in der Schulbibliothek mir, wenn die Marina dich nicht voll braucht, kannst du mich vertreten. Ich mache ein Freisemester. Da bin ich also immer herum geflitzt, Marina versorgt, zur Bibliothek … zack, zack … da war ich voll beschäftigt! Aber diese Lebensbedingungen damals: Ich hatte noch nicht mal eine Toilette da hinten. Ich mußte immer rum um das Münster, wenn ich auf die Toilette mußte. Der liebe Gott hat mich in dieser Zeit vor einer Magen-Darm-Grippe bewahrt.

Als Marina bettlägerig wurde, wurde es kriminell. Da habe ich einen Eimerbetrieb angefangen: Eimer, Waschschüssel, Gießkanne und morgens um fünf in die Aach gekippt und am Hydranten Wasser geholt. Die Aach war ja früher auch die Kanalisation für die Mönche des Klosters, also nichts Neues.

Aber sie hat es mir doch leicht gemacht. Die Intensivpflegephase dauerte nur drei Wochen. Und es war kein Winter, das hätte ich nicht geschafft. (...) Aber wie sie so war – diese ganze Generation! Typisch: Sie ging immer an zwei Skistöcken, um sich zu halten, weil man ja an einem schief wird. Und wie sie so war, ging sie zum Tennisplatz, um sich ein Spiel anzusehen und kam zurück und sagte: ‚Ich habe einen Schlaganfall, ruf mal einen Arzt an!'(Hanna Dorno macht sehr anschaulich die Sprache eines Menschen nach, der einen Schlaganfall hatte und nicht mehr richtig sprechen kann. Respektlos müssen wir beide darüber lachen. Und ich denke wieder einmal nur: Was war das für eine Generation!) Sie war damals knapp vor 89! Sie durfte in ihren vier Wänden sterben. Dr. Bueb, der Leiter von Salem, der Arzt und ich haben das so für sie beschlossen. Heute wäre sie 112 Jahre alt.

Das Schreiben war Marina mit der Zeit sehr schwer geworden. Aber sie lehnte jede Verwaltung ab. Sie hatte kein Adreßbuch – nichts! Wenn ein Brief kam, wurde der Absender rausgerissen und der Brief sofort beantwortet. Wenn ich nachmittags um 17 Uhr aus der Bibliothek kam, sagte sie: Nun schreib. Ich konnte kein Steno, aber na ja ... Dann diktierte sie mir hintereinander runter – mit 88 Jahren – zehn Briefe, kurz und prägnant und doch konzentriert, wie ich das gar nicht kann. Und am anderen Morgen mußten die Briefe daliegen zur Unterschrift, damit sie sie um 10 Uhr mitnehmen konnte. Da ging sie nämlich immer in die Lehrerpause, weil sie mitkriegen wollte, was in der Schule passiert. Da mußte ich fertig sein. Also mußte ich nachts tippen.

Zu der Zeit hatte ich drei Berufe: ZIS, die Bibliothek und die Pflege – aber die war ja nicht so furchtbar aufwendig, mal abgesehen von den 120 Möbelfüßen. Und die Wohnung lag nach Norden, da sah man den Dreck nicht so! Da standen auch große Kastanien vor dem Fenster, und es kam nicht so viel Staub herein.

Marina zählte mir die Briefbögen zu. Es gab ja noch kein Tip-Ex, es gab ein Messerchen und einen Radiergummi. Und dann bin ich immer heimlich ins Büro gegangen und habe dort weiteres Papier genommen."

„Wie ist ZIS in den letzten zwanzig Jahren so groß geworden, Frau Dorno?"

„Ich muß dazu den Anfang erzählen: Marina machte die Augen zu, und dann kam Dr. Bueb, der Leiter, und sagte: Also hören sie mal, die Frau X hört auf, die hat die Altersgrenze erreicht. Wollen sie nicht bei uns in Salem bleiben? Inzwischen hatte ich ja in alles reingeguckt. In Salem kann man nicht nur einen Bereich machen. Das gibt es nicht. Also: Wir möchten Sie gerne behalten, wollen Sie nicht ZIS weitermachen? Es wäre doch schade, wenn diese Sache die Salemer Pädagogik nicht unterstützen würde. Sie weicht ja nur in dem einen Punkt ab: Das eine wird allein gemacht, das andere in

Erziehung durch die Gemeinschaft. Bei ZIS ist es die Erprobung durch den Alleingang. Alles andere trifft sich: Initiative, Plan, Ausarbeiten, Durchhalten, Verantwortung für sich übernehmen …

Das war ein Phänomen für mich. Ich ging an die 60, war suspekt als alte Salemerin, die ja angeblich alles besser wissen, als es heute ist. Bei vielen ist es so. Und ich war völlig arglos. Ich habe zu Bueb gesagt: Für was haben sie denn für mich Verwendung? Als Mentorin bin ich zu alt. Lehrerin bin ich nicht. Ich bringe keine Qualifikation außer einer Portion Menschenverstand mit. Da fing er an schallend zu lachen und sagte: Das ist mehr, als manche meiner Mitarbeiter haben!

Mit den Schülern hatte ich nie Probleme. Nie einen Vertrauensmißbrauch. Ich habe es jetzt gemerkt, als ich im vergangenen Jahr – mit 79 Jahren – wieder vertreten habe, weil die Bibliothekarin krank war. Da war ich ja nochmal 15 Jahre älter. Das alte Zugangs- und Vertrauensverhältnis war sofort wieder da.

Also wollte er ZIS und mich gerne in Salem behalten. Ich habe gesagt: Gut, mach ich. Ich hatte keine Ahnung von Verwaltung und Büro oder irgend etwas. Und dann bin ich durch die Büros gegangen und habe mich schlau gemacht: Wie gründet man einen Verein und so was. Ich habe mir überall geholt, was ich an Wissen brauchte, und dann habe ich losgelegt. In den ersten Monaten hat mich die Schule von der Bibliotheksarbeit freigestellt. Dort war ich ja richtig angestellt und habe Bezahlung bekommen. ZIS war ehrenamtlich.

Marina hatte alles im Kopf gehabt. Es gab keine Kartei, keine Adreßlisten, nichts, überhaupt nichts – wenn ich eine Adresse brauchte. Sie hatte alte Knopflochgummibänder aus Großmutters Zeiten, damit waren die Jahrgänge zusammengebündelt und hatten einen angehefteten Freßzettel mit der Jahreszahl, und wenn eine Adresse gesucht wurde, dann sagte sie: Ja, also der war in *dem* Jahr nicht gereist, der war in *dem* Jahr gereist. Und links brauchst du nicht zu suchen, so gut war der nicht. Du mußt ungefähr in der Mitte suchen. Und da war er dann auch. Und das alles hat sie mit ins Grab genommen. Das wußte sie auch. Ich bekam die ganze Arbeit dann in Waschkörben. Ich hab's dann zum Teil mit Schülern gemacht, aber manchmal merkt man es heute noch, da stimmt ab und zu etwas bei den Karteikarten nicht. Aber ... mein Gott ..."

Hanna Dorno „betreut" nun also seit rund 20 Jahren die Organisation und die entsprechenden Jugendlichen.

Die Betreuung der Jugendlichen, die eine ZIS-Reise wagen, geht von der Vorstellung aus: Die Reise soll ein Erfolg werden. Der Jugendliche soll an ihr wachsen, an den Erfolgen, wie an den Problemen. Sie ist keine Prüfung, sondern eine Aufgabe. Die Betreuungsarbeit bei ZIS enthält folgende Elemente:

- Zunächst wird von den Jugendlichen Informationsmaterial angefordert.
- Ein Bruchteil von ihnen bewirbt sich alsdann um eine Reise.
- Und damit beginnt die eigentliche Betreuung:
  – Was ist überhaupt machbar?

- Reichen die Sprachkenntnisse?
- Sind die Gesprächspartner, Materialien, öffentliche Einrichtungen ... im Sommer überhaupt zugänglich?
- Ist das Arbeitsthema der Zeitdauer angemessen?
- Welche Vorkenntnisse müssen vorhanden sein, welche Literatur muß ggfls. gelesen, welche Grundlagenthemen beherrscht werden?
- Wie wird der Reiseweg (ohne Geld!) geplant?
- Werden Gefahren gesehen und berücksichtigt?

• ...
• ...

In nicht wenigen Fällen ist es ein zähes, postalisches Ringen mit den Jugendlichen, die Flausen im Kopf haben, die die große Freiheit vor sich sehen, mit Zeiteinteilung nicht umgehen können, das Thema nicht mit Sprachkenntnissen in Verbindung bringen – ganz allgemein: sich überschätzen.

Bei meinem Durchforsten der Akten und Arbeiten stieß ich auch auf die Korrespondenz zwischen Hanna Dorno und den Jugendlichen. Sie imponierte durch ihre Deutlichkeit, Klarheit und mangelnde Sentimentalität: Vor allem warnte sie stets vor einem „zu viel" in ihren schriftlichen Beratungen: „Das Thema ist zu umfassend und so nicht zu schaffen." „Spezialisiere dich mehr. Dieses Thema ist zu allgemein." ... Der Junge, der z. B. „die Ägäische Inselwelt" bereisen wollte, bekam den Rat: „Nicht so viele Inseln! Eingrenzen! Sonst ist es nicht ertragreich!" Oder sie schrieb „Reduzieren Sie ihre Route", „Schnelle Trips über viele Kilometer dienen zwar dem verständlichen Interesse der Reisenden, sind aber für die notwendigen engeren Kontakte unergiebig", „Nicht touristisch reisen, sondern dem Sachthema entsprechend."

Auch rät sie (vor allem bei trägen Knaben) ab von „nicht zu bequemem Reisen". Bahnfahrten sind nicht ZIS-gerecht. Flüge schon gar nicht, heißt das Motto doch: „Er-Fahren statt Tourismus". „Lästige Hindernisse sollen mit einem Minimum an Ausgaben bewältigt werden und mit einem Maximum an Wendigkeit, Schläue, Intelligenz und Phantasie. In einen Zug kann sich jeder setzen!" (und ein ZISler ist nun mal nicht jeder!)

Manche Ratschläge folgen der pädagogischen Methode der „Konfrontation mit der Realität". Eine Jugendliche „will in die lebende Volksmusik der Hirten im schottischen Hochland eindringen und (sich) mit einer mir unbekannten Quelle der Inspiration konfrontieren". Hanna Dornos trockener Kommentar dazu: „Hirten beziehen ihre Musik heute aus dem Kofferradio." Und wenn alles Zureden und Raten nichts nützt, tun die ZIS-Betreuer – Hanna Dorno voran – etwas, was heute kein Profi-Pädagoge mehr wagen würde: „Wenn Sie auf die Bedingungen nicht eingehen, können Sie nicht reisen." Knallhart! Aber es ist für alle deutlich: Es geht für den Jugendlichen um Meidung von überflüssigen, berechenbaren Pannen und Gefahren – und um Erfolg zum Wachsen. Es geht nicht um autoritäre Rechthaberei der älteren Generation der jüngeren gegenüber.

Zu guter Letzt wird der Reisende mit einem Empfehlungsschreiben der UNESCO ausgestattet. Es ist in der jeweiligen Landessprache des Reiselandes abgefaßt. Es beinhaltet das Arbeitsthema und die Bitte, dem Jugendlichen weiterzuhelfen. Für viele Jugendliche ist das ein Türöffner, ein Pannenhelfer – und für alle ein gutes Gefühl der Sicherheit … für den Fall des Falles.

Alsdann fährt der Jugendliche.

Nach der Rückkehr geht es um das Entgegennehmen und oft erst Einmahnen der Arbeiten, um ihr Verteilen und Versenden an fünf (!) Gutachter, die überall in der Republik angesiedelt ihr Ehrenamt für ZIS sehr ernst nehmen. Sind die Gutachten zurück, tritt die Jury zusammen, der Hanna Dorno natürlich angehört: Wer bekommt welchen Preis? Ein oft hartes, ein immer zeitaufwendiges Ringen: Die Jugendlichen und ihre Arbeiten werden sehr ernst genommen – ohne Pardon, ohne die üblichen pädagogischen Sentimentalitäten. Schließlich haben fast alle unter harten Bedingungen ihr Bestes gegeben – und das muß gewürdigt werden.

Und dann kommt der Höhepunkt: Das Jahrestreffen der Alten, der Preisträger, der Neuen: das Kennenlernen, die Feier, der Austausch, das Freundschaftschließen – und für die Mitarbeiter oft das erste *persönliche* Kennenlernen „ihrer" Schützlinge. Alsdann: auf ein neues, alle Jahre wieder! Seit über 40 Jahren insgesamt und seit über 20 Jahren für Hanna Dorno.

„Wie werden Sie von anderen Menschen in ihrer Tätigkeit erlebt?"

„Entweder sehr gut mit der Enkelgeneration oder aber als das andere Extrem: Was will diese Alte hier in diesem Betrieb? Die soll doch endlich mal in Rente gehen. Leute, die mich nicht kennen, setzen mich dem aus, das stimmt. Es ist sehr unterschiedlich, je nachdem, wie mich die Leute und die Sache kennen. Da ist es die Anerkennung einerseits. Bei den mittelalterlichen oder jüngeren Mitarbeitern, so 30, 40 Jahre alt, die mich nicht von früher kennen, da spüre ich, daß sie denken, warum muß die Alte hier noch herumspringen, die haben doch jetzt eine andere Kraft für die Arbeit. Ich halte mich deshalb im Verein inzwischen auch etwas zurück. Zum Teil ist es nur ein Gefühl, zum Teil sind es auch schon einmal Bemerkungen, sie sind humorvoll – es ist so eine Mischung. Die Jugendlichen, die reisen, haben sich dazu noch nie geäußert. Nein, das habe ich nie erlebt. Früher gingen ja *alle* durch meine Hand, da war ich alleine hier. Jetzt übernimmt Frau D. die Leitung – da stutzen schon mal manche. Gesagt hat aber niemand was. Trotzdem: So langsam müssen das nun mal die anderen machen.

Wie es weitergeht? Die Bibliothek mache ich vertretungsweise immer noch. Ich habe mich grundsätzlich in meinem Leben zu allem bitten lassen. Ich habe nie von mir aus etwas unternommen. Ich habe meine Sachen gemacht, lernte dadurch alle kennen, gehörte also dazu und wurde dann um Mitarbeit gefragt: Tagungen, Stipendiatenauswahl, Schule, Konzepte ... Und wenn ich gefragt wurde, habe ich ja gesagt. Ich brauchte mich nicht zu bemühen. Ich hatte immer genug zu tun, mehr als genug.

Bei ZIS haben wir jetzt eine fest angestellte Kraft. Wenn ich noch voll mitmachen würde, säße ich jetzt nicht hier mit ihnen, sondern wäre in der Ausstellung und würde Gäste von der Bahn holen. Ich muß meine Nachfolgerin jetzt weitgehend alleine machen lassen, auch auf die Gefahr hin, daß manchmal Dinge schief laufen. Das einmalig große Glück habe ich, daß Vorgängerin und Nachfolgerin nicht nur gut miteinander können, sondern ein freundschaftliches Verhältnis zueinander haben und wirklich gut zusammenarbeiten. Das geht jetzt schon vier Jahre so: die Einarbeitungszeit. Es war schwierig, weil soviel Neues hinzukam.

Sonst hätte ich mich mehr zurückgehalten. Ich hatte mich geweigert, den Freundeskreis zu übernehmen. Ich sehe ein, daß er notwendig ist. Da schlummert noch ein Potential an finanzieller Hilfe. Freundeskreis und Computer war dann erstmal für die Nachfolgerin, und ich habe die alte Routine gemacht. So ist der Übergang gleitend gewesen. Mit dem Fund Raising entsteht viel Arbeit. Die Bosch-Stiftung will unterstützen. Da entsteht eine Unmenge an Korrespondenz, Formulare müssen ausgefüllt werden, Kontakte, die gepflegt werden sollen. Sie wollen Berichte, Verwendungsnachweise. Es ist sehr viel Arbeit.

Es ging damals ja schon los mit den Empfehlungsschreiben durch die UNESCO. Sie hat die Schirmherrschaft über unsere Arbeit übernommen. Da haben wir einen Mords-Vertrauens-Bonus. Wir schicken einfach die Formulare nach Bonn und kriegen sie unterschrieben zurück. Das ist eine tolle Sache. Das ist zum Teil meinem ganz persönlichen Engagement zu verdanken. Wir haben an dieser Stelle jetzt den vierten UNESCO-Mitarbeiter sitzen, und alle habe ich begeistern können für ZIS, und daß sie mit uns so weitermachen.

Wie meine Zukunft aussieht? Aus der Leitung ziehe ich mich nun langsam zurück. Ich bleibe aber der Arbeit verbunden. Einiges behalte ich bei. Ich werde noch Jugendliche mit ihren Reisen betreuen. Aber es hängt auch Persönliches mit rein: Es kommt der Moment, wo ich nicht mehr Auto fahren kann. In der Dunkelheit kann ich jetzt schon schlecht sehen. Und da weiß ich nicht, ob ich dann in Salem bleiben will, denn hier im Ried spazierengehen und fröhlich sitzen, finde ich nicht so attraktiv. Ich könnte nach Berlin, da habe ich einen Bekanntenkreis. Ich könnte vielleicht auch zu meiner Nichte nach Bad. H. Dort ist Leben. Aber wenn ich dümmlich werde, sitze ich vielleicht doch ganz gerne weiter hier.

Salem war für mich privat auch ein Rieseneinzugsbereich: 45 Leute kamen zum Geburtstag. Aber ich bin nun raus aus der Schule – und wenn man dort nicht mehr mitarbeitet, hören auch die persönlichen Dinge auf. Bei allem guten Willen: Sie sind alle so eingespannt. Früher wurde ich schon mal gefragt: Wir fahren ins Theater, kommst du mit? Das kommt nicht mehr. Ich bin eben weg. Ich habe eine Tante, die sagte immer: Ich habe unendlich viele Menschen, aber wenige, die mir am Herzen liegen. Und das ist bei mir auch der Fall – und die sind nicht hier, sondern woanders. Deshalb überlege ich, ob ich weggehe.

Ich habe nie im Leben geplant. Ich kann nicht sagen, ich habe einen Plan, was ich dann mache. Auf mich ist in meinem ganzen Leben immer alles zugekommen und dann habe ich zugelangt. Ich bin nicht überzeugt, daß alles gut werden wird, aber anders habe ich es bisher nicht erlebt. Das Vertrauen habe ich eigentlich nicht. Ich denke immer, ich müßte eigentlich planen, aber das habe ich schon oft gesagt, und dann ging alles von ganz alleine.

Einen Rat für ihre Generation? Für mich gibt es nur ein Stichwort: Offenbleiben für andere Menschen und andere Dinge. Dann findet sich alles andere. Das ist das Wesentliche, denn dann findet sich alles, wo man sich noch einbringen kann. *Es* findet *sich* immer. Aber nur durch die Menschen. Ohne Menschen passiert nichts. Offensein – ob es die Kassiererin im Supermarkt ist oder der Bankbeamte –, man muß offen sein für die Menschen und muß die Möglichkeit haben, auf sie zuzugehen. Ich lebe von diesen Kontakten."

Am Ende unseres Gespräches formuliert Hanna Dorno noch einen ganz anderen Gedanken: „Ich habe viel gemacht ohne jegliche Qualifikation. Ich glaube, da kommen wir wieder hin, weil inzwischen alle viel zu spezialisiert sind und wenn man sie dafür nicht mehr brauchen kann, müssen dann die anderen ran, die ein weiteres Spektrum haben. Das wird eher der Mensch der Zukunft sein."

Am Abend erlebe ich Hanna Dorno dann zwischen all den jugendlichen Abenteurern im „Torkel", der alten Wein-Presse: kühl, feucht, zunehmend feucht fröhlich. Nein, sie ist mit ihren 80 Jahren kein Fremdkörper. Sie gehört dazu, und ich höre niemanden von den mehr als 60 Jahre Jüngeren, die etwas anderes sagen würden!

„Sind Sie über den aktuellen Stand der israelischen Palästina-Politik informiert?“

(Luise Weber, 93 Jahre alt)

Auf dem Couchtisch liegt ein hoher Bücherstapel: moderne Literatur, internationale Politik … und obenauf ein dicker Wälzer: „Reise ins Ungewisse: Arnold Böcklin, Giorgio de Chirico, Max Ernst“ – Ausstellung Nationalgalerie Berlin.

Mir gegenüber sitzt Luise Weber, die zweite der drei alten Damen vom morgendlichen Frühstück. Sie hatte mich schon am Tag zuvor an der Gartenpforte begrüßt, als Hanna Dorno uns vorstellte. Ihr Blick war freundlich-kritisch gewesen, und beim Frühstück war sie es, die nach meinen Lektüregewohnheiten fragte, verständnisvoll einlenkte und sich nach Titeln erkundigte, als ich mit nicht mehr als den aktuellen Krimis aufwarten konnte.

Nun hat sie mir Zeit eingeräumt – in einem vollen Samstagsprogramm: Um 9.00 Uhr das besagte Frühstück mit besagter Autorenbefragung, anschließend Wochenendeinkauf im Ort – und dann … war sie mit Kochen dran! Samstag und Sonntag kocht sie für ihre Familie: für Sohn, Schwiegertochter, sich selber und eventuell vorbeikommende Enkelkinder. Die Familie des Sohnes wohnt ein paar Häuser weiter. Der Sohn ist

Arzt – vielbeschäftigt durch zahlreiche Hausbesuche, wie sie in ländlichen Bereichen offenbar noch üblich sind.

Als ich komme (ich mußte mir zuvor in meinem fortgeschrittenen Alter schon ein Mittagsschläfchen im Hotel gönnen!), räumt sie gerade noch die letzten Dinge vom Mittagstisch ab. Also gibt es für sie keine Pause! Sie wirkt ein wenig abgespannt, ist aber hochkonzentriert. Ob ich einen Kaffee möchte? Ich möchte. Sie bereitet ihn zu, sie serviert ihn mir, sie holt extra Milch für mich – mir ist es annähernd peinlich –, aber sie tut es mit großer liebevoller Selbstverständlichkeit.

Dann sitzen wir uns am Tisch gegenüber. Sie ist die älteste Frau, die ich persönlich kenne. Nur eine um mehrere Ecken alte Verwandte habe ich von früher im Gedächtnis – insbesondere durch ihre Oberbürgermeister-Episode. Als dieser seinerzeit zum 90. Geburtstag gratulieren kam, begann sie so sehr mit ihm zu zanken (sie sei erst 89!), daß alle Verwandten erschreckt innehielten und erst mal die Geburtsurkunde gesucht werden mußte (der sie dann im übrigen nicht glaubte!). Aber mit diesem „Oma"-Bild von früher (winzig, verhutzelt, gebückt) hat Frau Weber nichts gemein. Sie geht und sitzt sehr aufrecht, ihre Augen sind wach, und ihre ganze Haltung ist Aufmerksamkeit und Zugewandtheit.

Frau Dorno hatte mir am Telefon schon von Frau Weber erzählt, so daß ich gleich präzise fragen kann. Ihre Aktivitäten sind vielfältig, das mittägliche Versorgen zu den

Wochenenden fällt dabei gar nicht so sehr ins Gewicht. Insbesondere arbeitet Frau Weber in ihrer kommunalen Gemeinde: Sie besucht kranke, bedürftige, alleinstehende Menschen, spricht mit ihnen, hört zu, schaut hin, ob weitere Hilfe nötig ist, ist ihnen Bindeglied „nach draußen". Diesen Besuchsdienst macht sie Zeit ihres Salem-Lebens, d. h. seit ca. 70 Jahren! Zunächst hatte er einen anderen Charakter: Ihr Mann war der Arzt des Ortes und machte täglich seine Hausbesuche. Sie begleitete ihn dabei, machte Handreichungen, übernahm Krankenschwesternaufgaben und half bei Geburten. Die Patienten kannten sie, und sie kannte die Patienten, denn sie arbeitete auch in den Sprechstunden ihres Mannes mit, so daß eine medizinisch-pflegerisch-fürsorgliche Einheit in der Betreuung der Patienten entstand. Nach dem Tode ihres Mannes und der Übernahme der Praxis durch den Sohn hat sie ihre Hausbesuche alleine beibehalten.

„Die Kirchengemeinde ist schon mehrfach an mich herangetreten, ob ich nicht bei ihrem kirchlichen Besucherdienst mitmachen wolle. Aber das möchte ich nicht. Ich hab es mir sehr lange überlegt. Ich bin dieser Kirche nicht so verbunden, und ich möchte bei den Menschen, die ich besuche, keinen falschen Eindruck erwecken. Ich möchte nicht unter einer Organisation arbeiten, hinter der ich nicht ganz voll stehe. Das wäre unrecht. Ich hatte es mir wirklich mehrfach überlegt."

Ich spüre beim Zuhören, daß diese Frage für Frau Weber in der Entscheidung ein Problem war: Verantwortung übernehmen, sich engagieren wollen und dabei aber aufrecht und echt bleiben müssen: Hier zeigt sich auch 75 Jahre später noch der Geist der Erziehung der Schule Schloß Salem!

Auch Frau Weber war Salemschülerin. Sie war im Alter von 17 Jahren in die Internatsschule gekommen, weil ihre übliche Schullaufbahn – so wie es sich für intelligente und selbständig denkende Menschen gehört – störungsvoll und dornenreich war. Für freie und unabhängige Geister war das Schulsystem wohl auch um und nach dem 1. Weltkrieg nicht das richtige Entwicklungspflaster.

Nach dem Abitur studierte Frau Weber Geographie und Geologie, schloß das Studium aber nicht ab, weil sie ihren Arzt-Ehemann kennenlernte, heiratete und neben dem Kinderkriegen voll in seine Praxis integriert war.

Vier leibliche und ein angenommenes Kind vervollständigten die Familie: Die Söhne wurden Ärzte, die Töchter wählten Pflegeberufe. Im Laufe der Jahre gesellten sich 15 Enkel und bislang 5 Urenkel dazu.

Frau Weber ist ein Stück Historie in dieser Gemeinde. Wie sehr sie es ist und wie sehr sie fast jeden Bewohner des Ortes kennt, erfahre ich, als plötzlich der Sohn hereinkommt, um nach seiner Mutter zu schauen. Er weiß nicht, daß ich da bin, er erkennt mich aber wieder: Vor mehreren Jahren war er Zuhörer bei einem Vortrag, den ich in Salem gehalten habe. Mit bewundernswertem Gedächtnis gibt er Einzelheiten wieder und stellt noch einmal Nachfragen – so als ob ich gerade gestern geredet hätte. Sofort sind wir im Gespräch – er ist in meinem Alter –, und in dieser gastlichen und warmen Atmosphäre möchte ich am liebsten zur Familie gehören.

Als er vom Grund meiner Anwesenheit hört – aktive Frauen im hohen Alter –, steigt er sofort ein. Ich habe den Eindruck, er würde mich gerne unmittelbar durch sein medizinisches Revier fahren: Wen er da alles kennt, der für Kennenlernen und Interviews in Frage käme! Unter 90 ist keine dieser Frauen. In diesem ländlichen Bereich arbeiten viele noch im Garten, im Haushalt, auf dem Hof. Sie „helfen" der Familie, den (zum Teil auch schon alten) Kindern, sie haben nicht nur beschäftigungstherapeutisch zu nennende, sondern tragende Aufgaben.

Mit seiner Mutter tauscht er sich aus, und ich spüre, wie sehr beide verwurzelt sind. Der Dorfarzt, der Pfarrer und der Lehrer, denke ich: noch ein Stück heile Welt, in der der Hausarzt nicht nur meinen 5. Lendenwirbel und meine Käseallergie kennt, sondern meinen schwierigen Mann, meine störrischen Kinder, meine mißratenen Enkel, die außergewöhnliche Schwiegermutter, den Quartalssuff des Knechtes, das Gspusi der Magd, den Gesundheitszustand der kalbenden Kuh, die Finanzlage der Familie nach dem Umbau des Hofes ... Er bestätigt es: Wenn er das kranke Bein der Frau S. untersucht, unterhält er sich selbstverständlich mit ihr über ihren Alltag und die sie umgebenden Menschen. (Mit diesem Mann würde ich mich gerne einmal über nicht-akademisch gelehrte Psychosomatik unterhalten!) Er möchte mich so gerne mit einigen der sehr alten Frauen bekanntmachen, aber ich habe keine Zeit. Das Wochenende geht dem Ende zu, und ich habe noch rund 10 Stunden Heimfahrt vor mir. So erzählt er mir aber noch von einigen Frauen und seine Mutter hört zu, nickt und ergänzt. Natürlich kennt sie sie alle, z. B. die 98jährige Frau X., die – während der Rest der Familie aushäusig tätig ist – einen Teil des Haushaltes macht. „Wenn ich dorthin komme", erzählt der Hausarzt, „sitzt sie in der Küche und schält Kartoffeln und putzt Gemüse. Sie macht alles recht langsam, aber sie macht es sorgfältig, und es ist eine sinnvolle Arbeit, die von der Familie gebraucht wird. So hat sie ihre Funktion in diesem Haus. Sie ist bis auf ein paar Zipperlein gesund. Das sind viele alte Menschen hier – sie haben ihr Leben lang an der frischen Luft in der Landwirtschaft gearbeitet."

Aus dem Gedächtnis zählt der Arzt auf, wen und wie viele Frauen von über 90 Jahren er kennt – alleine schon im Altersheim, das er auch betreut. Es ist eine stattliche Anzahl. „Davon sollten Sie wirklich einige kennenlernen", bietet er an, aber ich schaffe es einfach nicht, wenngleich mich das ländliche Umfeld dieser Frauen besonders interessieren würde.

Als der Sohn sich verabschiedet, wechseln wir das Thema. Ob die auf dem Stapel liegenden Bücher ihre derzeitige Lektüre seien? Und ob ich mal gucken dürfe? Außer dem äußerst schwergewichtigen Chirico-Katalog in kleinster Schrift sind es aktuelle politische Bücher: Ich kenne sie zum Teil aus Rezensionen in ZEIT und

SPIEGEL, habe mich durch sie aber nicht zu einem Kauf oder zum Lesen verleiten lassen.

Beim Lesen des Textes im Katalog habe sogar ich bereits Schwierigkeiten. Ich frage Frau Weber, ob sie diese winzige Schrift überhaupt lesen könne. Daraufhin holt sie ihre Lupen-Brille, setzt sie mir auf, rückt sie zurecht, stellt sie für mich ein und erklärt mir ihren Gebrauch. Das alles tut sie mit großer Selbstverständlichkeit, mit Ruhe und sehr viel Vorsicht. Sie hat etwas ausgesprochen Warmherzig-Mütterliches.

Frau Webers besonderes Interesse gilt im Moment dem israelisch-palästinensischen Verhältnis. Ob ich darüber informiert sei? J-ein! Und sie erzählt: Fakten, Daten, die besondere politische Lage, die tragische Historie dieser Region, die außenpolitischen Beteiligungen und Unklarheiten. Sie argumentiert sehr nachdenklich und ausgewogen, und sie ist außerordentlich bemüht, beiden Seiten gerecht zu werden: eine kluge, sensible Frau mit einem ungeheuren Detailwissen. Aber das ist nicht ihr einziges Thema. Mit ihrer Enkelin hat sie gerade den kompletten Abitursstoff „Leistungskurs Deutsch" *durchgearbeitet!* Ich bin überwältigt. Mein Sohn hat es gerade hinter sich – allerdings im Grundkurs. Für mich war das nur ein Rand-Erlebnis, das mir allerdings schon gereicht hat. Und dabei wirkt Frau Weber weder angestrengt bei diesem Thema noch will sie damit „strahlen". Auf dem laufenden zu sein ist für sie völlig selbstverständlich. Mir fällt die schon fast klassische Frage ein, die ich oft sogar für mein Alter – noch mehr aber für die ältere Generation – gehört habe. „Wozu eigentlich noch?"

Es ist immer wieder das lebenslange *Verwertungswissen:* Im Kindergarten bereiten sich die Kinder auf die Schule vor, in der Schule von Stufe zu Stufe, von Klausur zu Klausur, alles zusammen zielt auf einen bestimmten Abschluß, und dieser dient dann einem bestimmten Ausbildungs- oder Studiengang. Nichts wird mehr um seiner selbst willen getan. Warum also noch mit 70 Jahren studieren, mit 80 Jahren in der Universitätsbibliothek lesen, mit 93 Jahren die moderne Literatur durcharbeiten?

Ich frage Frau Weber nicht – diese Lektion habe ich schon vor Jahren gelernt, als mir eine 82jährige Biologin auf Nachfragen erklärte: „Ich lerne für mich, solange ich lebe, und ich will wissen, was meine Urenkel beschäftigt." Für Frau Weber scheint das gleiche zu gelten. Und bei der Art, wie sie am Leben ihrer Familie teilnimmt, gibt es auch gar keine Alternative. Ich kann sie mir nicht im Schaukelstuhl sitzend und auf aktivierende Besucher wartend vorstellen.

Als ich mich verabschiede, tut es mir leid, daß ich so weit entfernt wohne. Von dieser Frau würde ich gern viel lernen: weniger die aktuelle Außenpolitik und die inländische Literatur als vielmehr von der Haltung dem Leben und den Menschen gegenüber.

Beim Abschied würde ich sie gerne vorsichtig in den Arm nehmen, aber dafür scheint sie mir zu aufrecht, zu groß, zu würdig. Ich ahne, was wirkliche Ehrfurcht vor dem Alter ist.

„Ich fühle mich nicht als etwas Besonderes, es interessiert mich einfach noch so viel!"

(Jutta W., 83 Jahre alt)

Die dritte der vier alten Damen aus der Salemer Frühstücksrunde war Jutta W., die aus München angereist war, um beim traditionellen ZIS-Treffen dabei zu sein. Auch sie wirkt seit langem bei dieser faszinierenden Jugend-Reise-Organisation mit, indem sie immer wieder jugendliche Abenteurer mit Rat und Tat versorgt und deren Betreuung übernimmt. Aber nicht nur diese Tätigkeit verbindet sie mit Salem: Vor knapp 70 Jahren fuhr sie in das dortige Internat und meldete sich – 14jährig, aufmüpfig und rauswurfgefährdet in anderen Schulen – selber als Schülerin an. Gemeinsam mit einem ehemaligen Mitschüler, der ebenfalls noch für ZIS aktiv ist und sich in besonderer Weise engagiert, hat sie vor einigen Jahren in Salem ihr 60jähriges Abitursjubiläum gefeiert.

Kennengelernt hatte ich sie bei meinem ersten Engagement für ZIS – beim Kaffeetrinken im Schloßgarten, das immer stattfindet, wenn alle offiziellen Festivitäten abgeschlossen sind und bevor sich Jugendliche, Betreuer, Lehrer und andere Interessierte wieder in alle Welt zerstreuen. Sie war mir aufgefallen durch ihre neugierige Wachheit, ihren Charme, ihre Frische, ihre Lebendigkeit, ihre Zugewandtheit, ihre Kontaktfreude. Und als ich dann noch erfuhr, daß sie ihren 80. Geburtstag mit einem Haufen junger Leute grillend am Lechufer gefeiert hatte, wußte ich: Diese Frau gehört in „mein" Buch, in meine „Sammlung" wunderbarer alter Frauen.

Aber wer mit über 80 Jahren jugendliche Reisende berät und seinen hohen Geburtstag auf dem Kieselstrand bei Wein und Grillgut begeht, hat in der Regel auch noch anderes zu bieten: Sie unterrichtet mit über 80 Jahren noch immer. Wen und warum und was erzählt sie selber in dem Gespräch, daß ich mit ihr „nochmal eben schnell" zwischen dem Nachmittagskaffee im Innenhof und der Abfahrt meines Zuges in der Bibliothek der Schule Schloß Salem führte – sie: gelassen, konzentriert, hellwach, spritzig und alles Mögliche noch im nachhinein „ganz irre" findend.

Meine Vorgaben für dieses Gespräch waren:

- Wie sieht der Lebenslauf einer Frau aus, die noch mit Mitte 80 so aktiv mit jungen Menschen arbeitet?
- Wer und was hat diese Frau geprägt?
- Was tut sie heute – und macht sie „so besonders" für ihre Altersgruppe?
- Und zuletzt die mir so wichtige Frage: Welchen Rat gibt sie meiner Generation für das Altwerden?

Weil dieses „Interview" eigentlich keines war, sondern eine lebendig erzählte, persönliche Geschichte, gebe ich es als Originalerzählung ohne Abstriche und ohne meine ohnehin sehr wenigen Fragen wieder.

„Ich bin 1915 in Dresden geboren. Mein Vater war Offizier und ist schon Ende 1914 gefallen. Ich habe ihn gar nicht kennengelernt. Ich hatte einen etwas älteren Bruder. Meine Mutter ist mit uns beiden nach dem Tod des Vaters zum Großvater nach Dresden gezogen, und wir haben dort die ersten Jahre der Kindheit verbracht, bis ich ungefähr 14 war. Dann war mein Großvater tot, und wir sind nach München gezogen. Das war schwierig – ein Umzug in diesem Alter. Ich habe mich nie in München eingelebt. Deswegen war ich wohl auch so rebellisch in der Schule und bin aus der ersten Schule rausgeflogen, und aus der zweiten war ich gerade dabei rauszufliegen. Aber da kamen diese Skiferien bei Onkel Ernst im Allgäu. Der kannte Salem nicht persönlich, aber er war ein sehr guter Pädagoge. ‚Versuch doch, daß du dort hinkommst', sagte er. Da bin ich vom Skifahren direkt hingefahren und habe gesagt: Ich will hier in die Schule gehen. Bis zum Abschluß der Schulzeit war ich dann das Mädchen, das sich selbst angemeldet hatte. Meine Mutter war eine noch sehr junge, lebenslustige Witwe, die uns Kindern viel Freiheit gelassen hat. Wir machten meistens, was wir wollten. Es war ihr wichtig, daß wir Sport trieben und viel an der frischen Luft waren. Schule war ihr ziemlich gleichgültig. Sie hat dann gesagt, wenn du nach Salem willst, bitte, warum nicht. Sie ist gar nicht mit hin gefahren. Sie hat sich auch nicht erkundigt. Ich kam nach den Osterferien allein an und war vom ersten Tag an begeistert. Es war einfach so, als ob ich immer nur darauf gewartet hätte.

Kurt Hahn (der Begründer der Schule Schloß Salem) habe ich 1930/31 kennengelernt. Ich verehrte ihn unheimlich, aber ich habe nie so eine tiefe Beziehung zu ihm gehabt. Er mochte mehr so Mädchen, die ein gutes Beispiel für die Jungen waren und das war ich nicht. Aber das hat meine Liebe zu Salem oder zu ihm nie Abbruch getan. Er mußte 1933 weg. (Kurt Hahn war Jude) und dann kam in Salem die ganz schwierige Zeit. Unter dem Einfluß von Rudolf Hess durfte die Schule zwar bestehen bleiben, aber 1934 mußten die jüdischen Schüler die Schule verlassen; so auch Wolf G. und ein tschechischer Jude aus meiner Klasse. Es wurde ihnen gesagt, sie könnten hier noch das Abitur machen, aber sie dürften keine Verbindung mehr zum Internat haben. Mich hat das so empört, da habe ich gesagt, ich ziehe mit aus Protest, und wir haben dann zu dritt im Dorf gewohnt. Wir hatten später nochmal einen Leiterwechsel – Blendinger kam. Er hat durchgesetzt, daß die beiden Jungen wieder ins Internat zurückkehren konnten. Wir haben dann zusammen das Abitur gemacht.

Dann kam der Arbeitsdienst, da flog ich auch raus – aber es kam mir ein großer Zufall zu Hilfe. Eine neue Bestimmung sagte, daß Abiturienten, die studieren wollten, nur drei Monate bleiben müßten und nicht ein halbes Jahr; dadurch habe ich den Arbeitsdienst nicht mit Schimpf und Schande verlassen, weil das Vierteljahr gerade um war. Ich hatte zwar pflichtgemäß gearbeitet, aber darüber hinaus nicht am Gemeinschaftsleben teilgenommen; z. B. hatten wir erzwungene Tanzabende mit dem männlichen Arbeitsdienst, und da habe ich gesagt: ‚Nein, ich bin hier zur Arbeit, mein Vergnügen ist meine Sache.' Und blieb einfach stur am Tisch sitzen.

An sich aber bin ich froh über die Erfahrungen im Arbeitsdienst, vor allem über die Begegnungen mit Menschen aus einer ganz anderen Welt als der, die mir von Salem her vertraut war. Nach dem Arbeitsdienst habe ich an der Universität Heidelberg mit dem Dolmetscherstudium angefangen. Ich hatte Flausen im Kopf und dachte, daß einem dadurch der Weg ins Ausland geöffnet werden würde. 1935/36 war ich ein Semester in Manchester und ging dann nach Berlin, habe dort weiter studiert mit dem Ziel des Staatsexamens. Meine Fächer waren Englisch, Deutsch, Geschichte und als Zusatzfach Kunstgeschichte.

Im Herbst 1939 arbeitete ich neben dem Studium nachts im Auswärtigen Amt, um Geld zu verdienen. Da mußten wir die internationalen Radiosendungen abhören, es war ja schon Krieg. Wie primitiv das war! Da saßen wir, ein Pole, ein Rumäne, eine Russin und ich und schrieben alles mit, was wir im Radio über Deutschland und die Welt hörten. Davon wurden Matrizen angefertigt und an alle Abteilungen im Auswärtigen Amt verteilt. Das waren dann die offiziellen Unterlagen, mit denen Politik gemacht wurde. Unvorstellbar dilettantisch! Und ich konnte nicht einmal Steno!

Eines Tages hieß es dann: Einsparungen: es gab nämlich zwei solcher Stellen – eine im Propagandaministerium und eine im Auswärtigen Amt. Natürlich wurde die Stelle im Auswärtigen Amt geschlossen, und wir wurden zu Goebbels übergesiedelt. Goebbels kam und hielt eine große Rede. Das war für uns eine Sensation.

Zum ersten Mal bekamen wir hier von offizieller Seite zu hören, daß dieser Krieg nicht etwa Deutschland aufgezwungen, sondern mit voller Absicht genau zu diesem Zeitpunkt von Hitler und Mussolini geplant worden war. Sich auf Nietzsche beziehend, sagte Goebbels auch: ‚Überall die Feuerchen anzünden, die Welt in Brand setzen, das ist das Element, in dem wir leben.' Und er fügte hinzu: ‚Wenn die Sache schief geht, bin ich der erste, der sich mit seiner ganzen Familie umbringt.'

Wir standen da wie erstarrt und wurden noch verpflichtet, nichts von dem Gehörten nach draußen dringen zu lassen.

Natürlich hielt sich niemand an dieses Verbot. Ich wohnte damals bei einer Jüdin, der Gründerin des Pestalozzi-Froebel-Heims, Nanna von Gierke, zu der ich auch die abgehörten Radiosendungen durchschmuggelte. Nanna von Gierke war eine großartige, unerschrockene Frau. Auf ihre Bitte suchte ich im Auswärtigen Amt nach ledigen Amerikanern, die kurz vor der Rückreise nach Amerika standen und gewillt waren, junge Jüdinnen pro forma zu heiraten, mitzunehmen, und so vor der Vernichtung zu retten. Der Kriegseintritt Amerikas beendete dann diese Aktionen.

Der endgültigen Übernahme ins Propagandaministerium konnte ich zum Glück entgehen. Ich hatte gerade das Staatsexamen gemacht und dachte: Irgendwie mußt du jetzt hier rauskommen. Meine Abenteuerlust kam mir da zu Hilfe. Ich wollte unbedingt nach Spanien und ließ mir von meinem Englisch-Professor ein Thema für eine Doktorarbeit geben: ‚Der englische Einfluß auf das spanische Geistesleben.' Das Thema war absurd, ermöglichte mir aber tatsächlich nach Spanien zu kommen! Ich erhielt eine Ausreisegenehmigung, die damals niemand bekam, es sei denn, er hätte einen offiziellen Auftrag im Ausland zu erfüllen. Ich kann mir nur denken, daß das ein Fehler der Behörde war. In einer vollkommenen Maschinerie passiert ja auch mal so was. Ich hatte doch gar keinen Grund zu fahren – und noch dazu mit diesem völlig unsinnigen Thema. Ich konnte aber reisen, nur Geld hatte ich noch nicht. Da bin ich mit Hilfe meines Professors zu dem Ibero-Deutschen Institut in Berlin gegangen. Die haben mir etwas Reisegeld gegeben. Das klingt alles so verrückt, aber so war es. Und dann bin ich einfach losgefahren, nicht mal Spanisch konnte ich! Mit einem Umweg über Paris – was ja mitten im Krieg für Zivilpersonen verboten war. Von Paris ging es weiter nach Marseille, wo ich die Adresse des deutschen Generalkonsuls, bei dem eine Freundin Sekretärin war, hatte. Ich dachte, der wird mir schon helfen, weiter nach Spanien zu kommen. Im besetzten Südfrankreich, in Biarritz, wurde der Zug aufgehalten; ich mußte mich auf der Kommandantur melden und dachte: Jetzt schicken sie dich bestimmt zurück. Aber da passierte wieder etwas Verrücktes. In dem Ort lag eine Kompanie aus Bautzen – es war die Kompanie meines Vaters, der 1914 gefallen war. Und seine ehemaligen Kameraden, die mich hier in Biarritz kontrollierten, haben seinen Namen gelesen, mich riesig gefeiert und am nächsten Morgen mit Eskorte nach Marseille gebracht.

Der Generalkonsul von Marseille mußte dann einen Staatsbesuch in Barcelona machen und nahm mich einfach im Auto über die Grenze mit.

Das Komische war, ich wurde so viel eingeladen. Ich habe mich immer darüber gewundert, aber erst später erfahren, wieso ich zu all diesen offiziellen Veranstaltungen gebeten wurde. Die dachten, das kann doch nicht stimmen: Da kommt eine Studentin aus Berlin mitten im Krieg mit so einem unsinnigen Thema; das ist doch gelogen. Die hat irgendeine geheime Mission. Und da die einzelnen deutschen Stellen sich gegenseitig mißtrauten und bewachten, wollten sie sich alle mit mir gut stellen, weil sie nicht wußten, aus welcher Ecke ich kam. Und ich – nichtsahnend – freute mich über die vielen interessanten Kontakte und die Festessen.

Ich habe mich also einige Zeit so durchgeschlagen und dabei Spanisch gelernt. Dann kam die Katastrophe von Stalingrad. Da wurden alle Männer, die in Barcelona offizielle Posten hatten, aber entbehrlich waren, eingezogen. Das war meine Chance. Ich wurde Mitarbeiterin am Goethe-Institut, das damals Kulturinstitut hieß. Dort habe ich die restlichen Kriegsjahre verbracht. Ich habe in der Bibliothek gearbeitet, und Kunstvorträge gehalten. Für die Doktorarbeit hatte ich gar keine Zeit mehr, ich mußte ja für meinen Unterhalt sorgen. Und außerdem war es doch so ein unsinniges Thema. Mit der Doktorarbeit ist es dann auch später nichts mehr geworden. Leider.

Nach dem Krieg bin ich in Spanien geblieben – fünfzehn Jahre lang. Ende des Krieges wurde das Kulturinstitut geschlossen. Aber ich hatte kurz davor wieder Glück gehabt. Weil im Reich ja alle mal raus wollten, hatten sie in Berlin eine Wanderausstellung für Spanien zusammengestellt: ‚Deutsche Kunst im 19. und 20. Jahrhundert.' Es gab eine große Eröffnung in Madrid, dann flogen die Veranstalter nach Berlin zurück und wollten in drei Wochen wiederkommen für die Tournee durch Spanien. Sie sind aber nie wieder erschienen. Was sollte nun geschehen mit all diesen Originalen aus den großen Museen in Berlin: Corinth, Liebermann etc.? Ich war in Berlin mit dem früheren Direktor der National-Galerie befreundet gewesen. Der telefonierte nach Madrid und sagte: ‚Ihr habt dort doch die W., die könntet ihr ja einsetzen.'

Da habe ich dann einen Vortrag vorbereitet und bin mit 30 Kisten voller Bilder durch Spanien gefahren. Das war phantastisch, weil ich Spanien so gut kennenlernte und auch Tagegelder bekam, zusätzlich zum Gehalt. Und so konnte ich gut für das Kriegsende horten. Anfang Mai 1945 waren wir in Valencia. Da ging der Krieg zu Ende, und der spanische Direktor vom dortigen Museum sagte: ‚Nun seien Sie doch nicht dumm, wir verstecken die Bilder. Ich habe hier ein Museum, das ich seit dem Bürgerkrieg nicht mehr geöffnet habe, und da können Sie alles verstecken und haben immer ein Kapital, mit dem Sie Ausstellungen machen können.' Aber das habe ich nicht gemacht, das war mir viel zu riskant.

Ich habe nach Madrid telefoniert an die Botschaft, was ich nun mit den Bildern machen solle. ‚Sie setzen sich sofort in einen Lastwagen und kommen her', hieß es. Da habe ich die Kisten gepackt und war – (bei den damaligen Straßenverhältnissen!) – drei Tage unterwegs. Als ich in Madrid um die Botschaftsecke bog, wurde ich schon von den Amerikanern empfangen. Die hatten die gesamten Kultureinrichtungen in Spanien übernommen. Sie waren sehr höflich und sagten, ich solle die Kisten dalassen und zurück nach Barcelona fahren. Als ich nach Barcelona kam, war das Kulturinstitut inzwischen von Amerikanern besetzt und mein Zimmer ausgeräumt. Ich habe nie etwas von meinen Sachen wiedergesehen.

Als die Bibliothek von den Amerikanern übernommen wurde, fehlte schon einiges. Ein Sekretär der amerikanischen Botschaft kam mich holen; ich hatte ein schlechtes Gefühl und dachte, die werden mich bestimmt nach den Karteikarten fragen. Das war dann aber gar nicht der Fall, sondern ein sehr freundlicher amerikanischer Konsul sagte mir, ich sei von einem deutschen Emigranten aus Madrid empfohlen worden, um in Barcelona die deutschen Bibliotheken des Kulturinstituts, der Deutschen Schule und des Deutschen Hauses zu entnazifizieren. Also saß ich ab dem nächsten Morgen im geschlossenen Deutschen Haus, entnazifizierte Bücher und bezog ein schönes Gehalt.

Aber dann wurde ich rausgeschmissen, weil ich in meinem Schreibtisch ein Buch hatte, das in die Bibliothek gehörte. Die hatten wohl schon einen Verdacht gehabt, brachen den Schreibtisch auf, und da lag ‚Lottchen Gebert'. Das war eine jüdische Geschichte aus Berlin. Die sollte ich mal am Abend zu Bekannten mitbringen und hatte dann vergessen, das Buch zurückzustellen. Sofort hieß es, daß ich mir unerlaubt Bücher mitgenommen hätte.

Ich flog also raus und saß wieder ohne Geld auf der Straße. Das war im Winter 1945/46. Wir hatten keine Pässe, die hatten sie uns abgenommen, und wir konnten nicht nach Deutschland zurück. Also mußten wir uns etwas suchen, um leben zu können.

Ich hatte Freunde auf den Balearen. Dort haben wir Werkstätten eingerichtet – zur Verarbeitung von Wolle. Auf Formentera spannen sie die Wolle und auf Ibiza wurde sie dann verstrickt – zu schönen warmen Sachen, die ich über den deutschen Pfarrer in Barcelona an die Caritas in Deutschland verkaufte. Damit habe ich eine Zeitlang mein Leben gefristet.

Um diese Zeit kam auch das erste Mal nach dem Krieg wieder ein deutscher Musiker nach Barcelona – Georg Kulenkampff, damals ein berühmter Geiger. Alle wollten doch mal raus aus Deutschland, mal ins Ausland. Französische Agenten vermittelten die Künstler, aber zu entwürdigenden Bedingungen: Sie bekamen kein Honorar. Da hat Kulenkampff zu mir gesagt: ‚Sie waren doch im Kulturinstitut, machen Sie doch eine Agentur auf für die Betreuung deutscher Musiker.' Und das habe ich dann auch gemacht, zuerst in Zusammenarbeit mit einem deutschen Konzertveranstalter in Frankfurt am Main, – ich hatte doch keine Ahnung von diesem Geschäft. Aber bald war die Agentur in Barcelona so erfolgreich, daß ich mich selbständig machen konnte. Die Spanier waren begeistert, wieder Konzerte deutscher Künstler zu haben, und ich war glücklich, durch private Initiative kulturelle ‚Pionierarbeit' leisten zu können.

Wir haben Tourneen durch ganz Spanien durchgeführt, auch mit großen Orchestern und Chören. Höhepunkte waren z. B. die Aufführungen der Matthäuspassion von Bach in Barcelona, die Erstaufführung der h-Moll Messe von Bach in Madrid und die Teilnahme an den Musikfesten in Sevilla. Jede größere Tournee war ein Abenteuer und ein finanzielles Risiko. Die Straßenverhältnisse in Spanien waren noch katastrophal, die Unterbringung der Musiker problematisch, als Konzertsäle standen meist nur Kinos zur Verfügung (lediglich Bilbao und Barcelona hatten eigene Konzertsäle!).

Staatliche Zuschüsse haben wir nie bekommen; es gab ja noch keine auswärtige Kulturpolitik in der Bundesrepublik. Das war eine schwierige, aber sehr schöne, interessante Zeit.

In den siebziger Jahren habe ich aus familiären Gründen meinen Wohnsitz wieder nach Deutschland verlegt, ich blieb zwar in engem Kontakt mit Spanien, aber eine Weiterführung der Musikagentur ohne ständige Anwesenheit in Barcelona war unmöglich.

Ich suchte mir also ein neues Betätigungsfeld. Marina Ewald aus Salem bot mir sofort Mitarbeit im ZIS-Projekt an, die ich mit großer Freude annahm und bis heute noch wahrnehme. In München erhielt ich einen Lehrauftrag für Deutsch und Spanisch an der ‚University of Maryland, Munich Campus' für Studenten amerikanischer Diplomaten und Besatzungsmitglieder. Wenig später kam eine neue Aufgabe hinzu: Das Lewis und Clark College, Portland/Oregon entwickelte in München ein Jahresprogramm: ‚Year of Study at the University of Munich' für amerikanische Studenten, die die Münchner Universität besuchen und zusätzlich ein Programm in deutscher Kultur angeboten bekommen. Ich arbeitete von Anfang an in diesem Programm mit und bin heute immer noch dabei.

Eigentlich hatte ich nie Lehrerin werden wollen, aber jetzt entdeckte ich ganz unerwartet, wie faszinierend Unterricht sein kann, besonders mit jungen Menschen so um die 20. Diese Faszination hat mich bis heute nicht losgelassen. Man lernt ja als Lehrer so viel und muß sich mit so vielem intensiver beschäftigen, als man das sonst – gerade als älterer Mensch – tun würde.

Der ständige Kontakt mit jungen Menschen bringt einem auch sehr viel Freude und Anregung, es entstehen oft echte lebenslange Freundschaften, die auch räumliche und zeitliche Trennungen überdauern.

Viele Jahre unterrichtete ich im Lewis und Clark Programm Geschichte, Landeskunde und Kunstgeschichte, zeitweise noch Literatur.

In letzter Zeit habe ich mich mehr und mehr auf die Kunstgeschichte konzentriert, so daß ich heute ausschließlich mit Kunst und Kunstgeschichtlichem zu tun habe. Zweimal in der Woche halte ich Seminare z. B. zum Thema: ‚Die Entwicklung der abendländischen Kunst von den Anfängen bis zur Gegenwart', dazu kommen Führungen in den Museen und Ausstellungen sowie kunsthistorische Reisen in verschiedene deutschsprachige Länder.

Wie ich das alles aushalte? Damit gibt es eigentlich kaum Probleme. Ich bin ziemlich gesund, habe wenig häusliche Aufgaben, da ich jetzt allein (nur mit einem Hund) lebe; die Verantwortung auf den Studentenreisen trage ich auch nicht, sondern die Leiterin unseres Programms, die alles organisiert und betreut; ich bin nur für den kunsthistorischen Sektor zuständig.

Was mich geprägt hat? Das ist schwer zu sagen. Ich hatte eben das große Glück, in meiner Jugend mit bedeutenden Persönlichkeiten in Kontakt gekommen zu sein. In Salem war es neben Kurt Hahn und Marina Ewald vor allem Erich Meissner (nach Hahns Weggang kurze Zeit Leiter von Salem), der mich in langen Gesprächen von der Notwendigkeit der kompromißlosen aber getarnten Bekämpfung des Nationalsozialismus überzeugte; in Heidelberg konnte ich noch an Karl Jaspers' geheimen Sitzungen im Keller seines Hauses teilnehmen, in denen er uns in die Grundlagen seiner Philosophie einführte; in Berlin wurde mir durch das Erlebnis einer persönlichen Beziehung zu einem jungen Künstler die Beschäftigung mit Kunst zu einem großen Anliegen.

Aber ich finde, daß das, was ich heute mache, gar nicht so etwas Besonderes ist. Mich interessiert eben noch so viel, und ich habe doch das große Glück der Gesundheit."

... Und wie sie da sitzt und dabei versonnen aus dem Fenster blickt, ist sie so voller Wärme – diese Frau mit den lebendigen Augen, den tausend Falten und Fältchen, dem schneeweißen Bubikopf und dem ansteckenden, mädchenhaften Lachen.

Zuletzt frage ich sie nach dem Rat, den sie meiner Generation geben kann zu der Frage, wie man gut alt wird.

„Ich glaube, man sollte versuchen, die Scheu davor zu überwinden, sich mit sich selbst, seiner eigenen Vergangenheit, kritisch auseinanderzusetzen. Das ist ganz wichtig. Aber dabei darf man nicht stehen bleiben.

Es gibt heute sicher genügend Angebote, seinen Lebensabend genußvoll zu gestalten. Passives Genießen allein ist aber auf die Dauer nicht befriedigend. Sinnvoller wäre es, sich Aufgaben zu suchen. Es gibt ja so viel, wofür man sich engagieren kann: Menschen, Tiere, Umwelt – da läßt sich doch immer etwas finden!"

... wenn man auch SO alt werden kann – was nicht nur, aber auch an jedem einzelnen liegt – dann läßt sich die Angst vor dem Altwerden reduzieren. Ich sage es ihr – aus ganzem Herzen –, und sie nimmt es lächelnd an.

Politik für Alte? – Nein!

Vor einiger Zeit hielt ich vor einem großen Auditorium einen Vortrag übers Altwerden und Altsein. Die anschließende Diskussion war sehr anregend und engagiert ... bis plötzlich die Frage gestellt wurde, wie eine gute „Politik für Alte" auszusehen hätte. Meiner Antwort folgten verständnisloses Kopfschütteln, unwilliges Gemurmel und böse Attacken. „Für Alte", hatte ich gesagt, „braucht keine Politik gemacht zu werden." Als der Sturm der Empörung sich gelegt hatte, erklärte ich: „Die Betonung liegt auf *für!* Alte können und müssen selber (ihre) Politik machen! Es gibt keinen Grund, sie wie Kinder zu entmündigen und sie *mit* einer Politik zu konfrontieren, die Jüngere und eine handvoll sehr Alte *für* sie vorgesehen haben."

Unser aller Politik wird weltweit (unbeanstandet!) von (männlichen) Greisen gemacht: von Adenauer über die Päpste und Kardinäle, philippinischen Machthaber, chinesischen Volksführer bis hin zu afrikanischen Stammesfürsten. In Deutschland sind es nicht nur die Angehörigen der Grauen Panther, sondern von Volksparteien aller Couleur, die ab 65 Jahren erst so richtig loslegen und das Volk zwischen Geburt und Tod vertreten und führen. So lange die Altersdurchmischung in den Volksvertretungen „stimmt“, ist dagegen nichts einzuwenden. Wenn aber den gewählten alten Volksvertretern Rechte und Pflichten zum Führen eingeräumt werden, man auf ihre Vertrauenswürdigkeit, ihr Wissen, Können, ihre Verantwortlichkeit, ihre geistige Frische ... vertrauen kann, warum nehmen sich alte Menschen vor Ort dann von der Politik aus – und warum traut ihnen niemand zu, ihre eigene Politik zu machen und sich auch in andere als Altersthemen einzumischen?

Altenpolitik? Frau Dr. Henkel weiß – wie immer – Rat. In der Kommunalpolitik ist sie groß geworden. Sie kennt Kreti und Plethi. Die Jüngeren hat sie (politisch) aufwachsen sehen, nicht selten auch unter ihrer eigenen Regie. „Ich sag dir gleichmal, wen du da anrufen mußt.“ Sie blättert in ihrem Politikerverzeichnis. „Mach es schlau – du gehst natürlich direkt zum Dezernenten. Sag ihm einen schönen Gruß von mir. Er gehört zwar zur anderen Fakultät, aber er ist gut.“ (Das „trotzdem“ spart sie sich ausnahmsweise.) „Er macht politisch keinen Ärger. Er weiß eben Bescheid. Ein kluger Mann, obwohl er noch nicht 50 ist ...“

Der Name der Ex-Ratsfrau öffnet mir alle Türen. Der Sozialdezernent der Stadt strahlt, sagt viel Freundliches und Liebes und Ehrfurchtsvolles über diese Frau. Dann provoziere ich ihn: Altenberg, Generationenkrieg, Altentilg, Kostendämpfung, Frage des „Lohnens“ ... Aber er bleibt stabil, und seine Einlassungen wirken durch seine Überzeugtheit: 2000 Jahre einer christlichen Gesellschaft und Humanität verpflichten. Jedem Menschen muß bis ins hohe Alter eine hohe Lebensqualität zugestanden und ermöglicht werden. Als Deutsche haben wir eine besondere Verpflichtung. Rentabilitätsberechnungen (für welches Alter lohnt sich welche Maßnahme) dürfte es so nicht geben. Die Kostendämpfungsdiskussion muß sich ausschließlich an der Humanität orientieren. „Das rechnet sich nicht mehr" sei Menschenverachtung und beträfe letztlich nicht nur Alte, sondern unter Umständen auch Behinderte, Junkies, Straßenkinder ...

Die Probleme der alten Menschen umreißt er für eine Großstadt wie z. B. Hannover wie folgt (wobei andere Großstädte ähnlich geprägt sind): 1995 wohnten in dieser Stadt 12 058 „Höchstbetagte" (über 85 Jahre alt), 1998 waren es bereits 13 800. Über ihren Verbleib (Heim/Familie/„Single"-Leben) geht aus den Statistiken nichts Genaues hervor. Vermutlich wohnen ca. 20 % von ihnen in Heimen. Aufgrund der immer kleiner werdenden Familien und der hohen Mobilität des einzelnen ist anzunehmen, daß viele Höchstbetagte ohne Bindung, ohne Familie und ohne einbindende Nachbarschaft leben.

Für Hoch- und Höchstbetagte stellt die Stadt keine besonderen Angebote zur Verfügung. Wo läge auch der Bedarf? 68-, 78-, 82jährige haben die Berufslosigkeit gemeinsam, die viele freie Zeit, viele auch das Allein- und Einsamsein.

Der „Altenplan", erstellt zwischen Kommunen und Freien Trägern, setzt vor allem auf Prävention und Selbstorganisationskräfte. Die Stadt stellt die Infrastruktur, „die Senioren machen dann alles selber". Unterschiede gibt es nicht zwischen verschiedenen Altersgruppen, sondern zwischen sozialen Schichten und psychosozialer Beweglichkeit. „Jede realistische Altenpolitik muß die Unterschiede aufnehmen": Geld, Stand, Bildungsstatus und lebenslanges Aktivitätsniveau bestimmen das Engagement, den Grad der Selbständigkeit oder eben Abhängigkeit. „Für *die* alten Leute gibt es nichts. Wir differenzieren sehr stark mit unseren Angeboten, da kann sich jeder seines heraussuchen:

4 Seniorenbüros als Altenanlaufpunkte,
72 Altenclubs,
260 Neigungsgruppen,
...
...

Der Dezernent ist sichtbar stolz auf diese Angebote. Ohne in die Kartei oder den Computer gucken zu müssen, nennt er Namen von Kontaktpersonen und alten Aktivisten, kennt Besonderheiten der Stadtteile („K. ist ein Vorzeigestadtteil für Altenarbeit. Dort läuft alles von alleine, da haben wir nur die Räume gestellt ...") und die Probleme der Zukunft: Beratungs- und Pflegekonzepte für ältere Migranten und Migrantinnen unter besonderer Berücksichtigung der Ethnizität ...

Altenpolitik? Es ist „Seniorenarbeit" die hier geschildert wird – wenngleich eine engagierte und gut begleitete. Tatsächlich wird *für* Alte vieles geboten, für vieles der Boden bereitet, Mittel bereitgestellt, Aktivitäten angestoßen: von der Seidenmalerei über Stadtranderholung bis hin zu „Computereinstiegskursen für Großeltern".

„Altenpolitik" durch Altenförderung.

Und *wo* machen *welche* Senioren selber Politik – im engeren und im weiteren Sinne?

- Was sagen Alte zur Schulpolitik, wo mischen sie mit oder warum sagen sie gar nichts?
- Welche Diskussion führen sie in der Wohnungspolitik (die sie dringend angeht!)
- Was tragen Alte bei zur Gentechnologie, zur wiedererstehenden Frage der Euthanasie unter neuem Deckmäntelchen, der Organtransplantation, die sie angehen wird?
- Verkehrspolitik? Atompolitik? Familienpolitik? Gesundheitspolitik? Altenpolitik?
- Machen alte Politiker/Politikerinnen eine andere Politik als junge? Und wenn ja, für wen?
- Ist ihre Politik versteckter, diskreter, treten sie dort, wo sie aktiv sind, überhaupt deutlich als Alte hervor?
- Machen sie Parteipolitik ohne besondere Vernetzung innerhalb ihrer Altersgruppe?
- …

Auf diese Fragen kann mir niemand schlüssig Antwort geben. Sie sind vielleicht zu allgemein gestellt und könnten stets nur mit „sowohl … als auch …" beantwortet werden. Lediglich zu einer „Vernetzung" Alter kann man sagen: Es gibt sie nicht. Die Verknüpfungen geschehen am ehesten über Inhalte, sekundär über die Geschlechtszugehörigkeit.

Eines aber wird in allen Gesprächen über alte Menschen in der Politik deutlich: Auch dieses Engagement beginnt man/frau in der Regel nicht erst mit der Verrentung.

Nicht jeder, der mit 16 Jahren bei den Jungpolitikern beginnt, bleibt bis zum hohen Alter dabei – aber so gut wie jede/r, der im Alter politisch tätig ist, hat in jüngeren Jahren damit begonnen: in einer Partei, einer Gewerkschaft, einer kirchlichen Gruppierung, einer Selbsthilfe-Organisation, einem Sachausschuß, einem freien Verband – oft zunächst gekoppelt mit der eigentlichen Berufstätigkeit.

Entsprechend hoch sind Wissen und Können durch jahrzehntelange Tätigkeit anzusetzen: Nach 20, 30, 50 Jahren politischer Tätigkeit ist einem nichts Menschliches mehr fremd, keine Korruption unbekannt, keine Schliche, keine Tricks, kein Gekungel mehr ein Problem. Da kennt man Wege und Schleichwege, Menschen und Methoden, Adressen und Systeme, Finanzierungsmöglichkeiten und Querverbindungen – und so ist Politik letztendlich wohl auch nur möglich! Mit diesem Wissen und Können – so es richtig und verantwortungsvoll eingesetzt wird – sind alte Menschen in der Politik unentbehrlich.

In Velma Wallis athabaskischer Legende ist es schön anschaulich ausgedrückt:

„Das Volk hatte sich selbst für stark gehalten, doch es war schwach gewesen. Und die zwei Alten, die ihnen als die Schwächsten und Hilflosesten erschienen waren, hatten sich als stark erwiesen. Da begann das Volk die Gemeinschaft der zwei Frauen zu suchen, um Rat zu erbitten und neue Dinge zu lernen.

Die Menschen begriffen nun, daß die zwei Frauen, so lange, wie sie schon lebten, gewiß mehr Dinge wußten, als das Volk für möglich gehalten hatte." (Velma Wallis: „Zwei alte Frauen")

Es geht nicht nur darum, wie alte Menschen sich sinnvoll beschäftigen – Politik ist keine Ergotherapie für Gelangweilte – sondern darum, das Know-how *aller* Generationen gleicherweise zu nutzen.

Das so strapaziöse und gerne belächelte: „Früher war alles anders" (was ja zutrifft!), kann für Jüngere auch eine Chance sein, über alternative Lösungen in der Diskussion nachzudenken. So viel (bislang) *Un*-gedachtes, *Un*-gesagtes, *Un*-ausprobiertes gibt es gar nicht, als daß man Neues um jeden Preis beschwören muß. Letztlich ist (fast) alles schon einmal dagewesen – aber wer mit Geduld und Toleranz zuzuhören bereit ist, findet in dem, was früher „anders" oder „besser" war, auch für heute und morgen Ansatzpunkte. Ist das Gestern das Nonplusultra, dann ist eine Verständigung problematisch wie immer, wenn Totschlagsargumente eingesetzt werden. Aber das kann die locker-leichte, tolerante und friedliebende Jugend sicher entsprechend würdigen.

Ideal stelle ich mir eine Politik (im weitesten Sinne) vor, die gemacht und vertreten wird von allen Altersgruppen in repräsentativer Auswahl, wobei Eltern Zusatzstimmen für ihre unmündigen Kinder hätten. Der Anteil von politisch Tätigen läge dann bei 20 % bei steigender Tendenz.

Politik *für* Alte? Nein! Politik *von* Alten? Ja!

Ohne politisches Ehrenamt wäre Staat weder denkbar noch finanzierbar: also nicht möglich!

„Glaub ja nicht, daß jemand zu mir aufs Dorf kommt und mich besucht. Das mußt du alles selber machen!"

(Annette Limberg, 80 Jahre alt)

Als ich bei Annette meinen zweiten Anlauf nehme, habe ich spontan Erfolg. Sie ist am Telefon! Schon alleine das ist ein gutes Omen, gehört sie doch zu den Unerreichbaren meines Lebens.

Sie erinnert sich sofort an meinen Namen. Auch erinnert sie sich daran, vor neun Jahren (!) von mir einen Brief bekommen zu haben, den sie („ich weiß gar nicht mehr, warum eigentlich") nie beantwortet hat. „Wahrscheinlich war meine Zeit damals so knapp." Ich kann es ihr nachsehen: Vor neun Jahren hatte sie nämlich übermäßig viel „um die Ohren"; sie hatte gerade mit 71 Jahren an der Universität Hannover ihren Magister in Sozialwissenschaften (Soziologie, Psychologie und Politikwissenschaften) gemacht.

Jetzt nach neun Jahren entschuldigt sie sich für ihr damaliges Versäumnis. Als ich ihr von meinen „tollen alten Weibern" erzähle und sie frage, ob sie Lust hat, sich einzureihen, ist sie sofort bereit ... Aber ... „übermorgen fliege ich erstmal für zwei Wochen nach Ägypten. Wenn ich zurück bin, können wir gleich loslegen." Dann erzählt sie im Stenogrammstil (sie ist mitten im Kofferpacken) das, was ich schon weiß: Sie leitet in einem

Freizeitheim alle 14 Tage einen Gesprächskreis für ältere Frauen, der im Programm der „Seniorenakademie" wie folgt angekündigt ist:

„Gesprächskreis für Frauen –
Einfach mal darüber reden.

Oft fehlt im Alltag eine geeignete Gesprächspartnerin. Es fehlen auch Raum und Gelegenheit, einmal in entsprechender Runde abzuschalten, im Gespräch Kraft zu tanken. Hier ist ein Ort dafür:

Nicht einigeln, zu Radio und Fernsehen flüchten oder von Termin zu Termin leben, sondern darüber reden. Im Respekt vor individuellen Unterschiedlichkeiten suchen wir im freundschaftlichen Miteinander den Gedankenaustausch.

Diskussionen zu aktuellen Ereignissen aus Politik und Kultur sollen im Mittelpunkt stehen.

Besichtigungen von Einrichtungen und Ausstellungen sind wieder in Vorbereitung, z. B. bei VW. Der Arbeitskreis trifft sich 14tägig."

Gerade kann ich noch fragen, ob ich einmal zu ihr kommen dürfte, bevor sie sich wieder dem Packen zuwendet. Schnell informiert sie mich, daß sie telefonisch am besten dann zu erreichen sei, wenn andere ins Bett gingen: so gegen Mitternacht, bis etwa zwei Uhr!

Als ich ein paar Tage später im Radio höre, daß bei einem schweren Busunglück in Ägypten eine deutsche Touristin ums Leben gekommen ist, bange ich um sie. Wie ich später höre, sind wohl eine ganze Reihe Leute in ihrer Heimatstadt auf diese Nachricht hin zusammengezuckt. Aber sie war es nicht!

Bevor der nächste Gesprächstermin ihrer Gruppe herankommt, rufe ich sie an, ob ich kommen dürfe. Selbstverständlich – und sie freue sich.

Zu diesem Termin sind neun Frauen anwesend („wieso fehlen heute so viele unentschuldigt?"). Ich schätze sie alle auf Mitte 60 bis Ende 70 und eine in meinem Alter. Der Raum im Freizeitheim ist schön, aber die nackten Resopaltische ohne Decken, ohne Kaffeetassen, ohne Blumen, ohne Kerzen (es ist trister Januarvormittag) wirken nüchtern und ungemütlich. Soll Nüchternheit und Arbeitsatmosphäre demonstriert werden – um nicht zu viel lauschige Gemütlichkeit aufkommen zu lassen? Ich muß mal nachfragen.

Bevor es losgeht, das „akademische Viertel" ist lange um, „wir nehmen es hier nicht so ernst", geht ein großer Plastiktopf mit einer quietschgrünen Masse darin herum. Offenbar bestellt und mitgebracht und nun von den anderen Frauen in Augenschein genommen. „Gegen Knochenschmerzen" sei das, erfahre ich, und als ich mich über den Lieferanten wundere (eine Tierfirma), wird mir gesagt: es sei Pferdesalbe. Ein ganz spezielles Rezept! Nur dort zu bekommen! Ziemlich teuer! Aber sehr wirksam ... Ich warte, bis die Schmiere bei mir ankommt: Arnika, Rosmarin und viel Eukalyptus. Dafür braucht's keine auswärtige Pferdefirma, wage ich anzumerken, gelenkwirksame Arnikasalbe gäbe es in großer Auswahl in jeder (Menschen-)Apotheke. Aber das will hier niemand wissen: Es ist das etwas Exotische, vielleicht auch das schwerer zu Erringende und vor allem das Zeugnis einer Gesprächsteilnehmerin, wie gut die Salbe wirken würde. Als eine Frau vorliest, daß sie auch „gut für die Fellpflege" sei, ist die Heiterkeit groß.

Annette („wir duzen uns hier alle, du hast doch nichts dagegen?") hat ein Programm vorbereitet – aber irgendwie geht alles in einer beständigen Unruhe, in Privatgesprächen, in Gemurmel unter: ob es die Anwesenheitsliste ist, die Probleme bereitet (ich habe das Gefühl, es geht einigen dabei um Aufmerksamkeit) oder eine genaue Absprache, was frau im März denn beim VW-Werk nun alles an Programm geboten bekommen möchte ... es ist ein einziges Gewusel. Mich macht es ganz wild. Aber Annette, die an der Kopfseite neben mir sitzt, ist von unerschütterlicher Geduld. Als ich denke: wie in einer Schulklasse unkonzentrierter Pubertierender ... fällt mir ein, daß sie früher Berufsschullehrerin war! Also setzt sie ihre Arbeit um ein paar Lebensjahrzehnte versetzt hier fort! Fast hätte ich bei dieser Erkenntnis gelacht.

„Also: Wollen wir das ganze VW-Werk besichtigen? Oder nur die Frauenbeauftragte hören? Oder beides?" Hin und her: Macht man das zu Fuß oder per Wagen? Irgendwer hat so etwas schon mal per Besichtigungsauto gemacht und muß gleich davon erzählen. Diese Frage muß geklärt werden. Ob es denn bei vollem Programm von dreieinhalb bis vier Stunden einen Imbiß gäbe? Auch diese Frage muß geklärt werden. Und überhaupt: wieso eigentlich VW-Besichtigung? Annette weiß es, ohne zu blättern: „Darüber haben wir im Juli gesprochen. Wir haben das alles besprochen damals!" Wieder Gemurmel, Erstaunen, Erzählen, wer damals alles nicht anwesend war ... Mir kribbeln schon alle Nerven gleichzeitig, dazwischen wiederholte Rückfragen wegen diesem und jenem Resultat: Annette wird das abklären, und bis in 14 Tagen sollen sich alle Anwesenden überlegen, ob und was sie wollen. Ich bewundere sie für ihre Geduld maßlos.

Eigentlich, so sagt sie, habe sie ja für heute Vormittag etwas anderes vorgehabt, aber nun sei Besuch da und das wolle man doch nutzen. Ich solle mal erzählen, wer ich bin und was ich mache und was ich hier will. (Indes geht noch immer die Pferdesalbe herum!) Ich erzähle also. Als ich zu „alten Frauen" komme, werde ich unterbrochen: „Wir sind keine alten Frauen, wir sind *ältere* Frauen!"

Dann macht Annette einen Vorschlag: Ich solle doch mal sagen, wie Frauen am besten alt werden könnten und sollten. Angesichts der Zusammensetzung dieser Gruppe komme ich mir da doch am Unkompetentesten vor. „Wollt ihr denn 80 werden?" fragt diese geduldige 80jährige neben mir. Würde sie mich das fragen, und würde ich dabei auf sie schauen, fiele mir nur ein spontanes „aber sicher doch" ein.

Ihre älteren Frauen sind da zögerlicher, wenngleich doch viel näher dran. „Ach, die zwei Jahre noch", sagt eine und läßt die Antwort offen. Es geht ein bißchen hin und her – vor allem dreht es sich um den körperlichen

Zustand, in dem frau dann sei. Alleine von ihm sei alles abhängig. Ja und von der Einstellung „der Gesellschaft". Es fällt das „Unwort des Jahres": „Sozialverträgliches Frühableben". Niemand lacht – offenbar war diese sozialpolitische Unverschämtheit hier schon öfter ein Thema.

Als die Frau, die etwa in meinem Alter ist, das Wort ergreift, spüre ich plötzlich, wie sehr mir meine Generation wieder auf die Nerven geht – und wie so ganz anders doch Frauen mit 15, 25, 30 Jahren mehr Leben. Larmoyanz, nörgeliges Klagen, „die Gesellschaft", die jungen Leute heute, die im Bus nicht aufstehen, die Mißachtung des Alters allgemein ... Es ist diese ängstlich-resignative Haltung *vor* dem Altwerden! Wie ganz anders die alten Frauen, die rundum sitzen. Zu meinem Erstaunen (oder auch nicht?) stimmt keine in das Klagen ein. Nur eine sagt: „Die Gesellschaft sind wir alle, wir auch!"

Wir sprechen dann noch über die *Rollen* von Menschen und darüber, daß Rollen aus zwei Teilen bestehen: die Rollenerwartung (von außen) und die Rollenentsprechung: Nehme ich das an, was andere mir oktroyieren? Spiele ich diese Rolle (der tumberen, hilflosen, machtlosen, alten Frau), oder weise ich die Erwartung durch anderes Erleben, durch andere Einstellungen, durch anderes Verhalten, durch Eigenes zurück und installiere gemeinsam mit Gleichbetroffenen langsam ein anderes Bild von „den Alten"? Alte sind schließlich schon lange keine Randgruppe mehr – in Zukunft immer weniger – rein statistisch gesehen. Bald werden sie in Deutschland 20 Millionen ausmachen – da kann man von „Rand" kaum noch sprechen. Es sei denn, Alte lassen sich auch in dieser horrenden Zahl an den Rand drängen, was die Qualität ihres Lebens, die Anteilnahme, das Mit-Sprechen, das politische Handeln … anbelangt.

Irgendwie habe ich das Gefühl, die Gruppe mit meinem Auftritt nicht besonders zufriedengestellt zu haben. Das wollte ich ja auch gar nicht: Ich wollte Annette in ihrem Element kennenlernen.

Zum Ende hin – es wird schon wieder so unruhig – plant sie noch die nächste Runde. Sie hat eine Buch-Neuerscheinung mitgebracht: „Die globalisierte Frau". Diesen Text solle frau unbedingt besprechen. „Ja, aber nicht das ganze Buch." Nein, sie wird die wichtigsten Passagen kopieren (wie in der Uni). Alle sind einverstanden, einige entschuldigen sich mit „zu wenig Zeit" und mit Fahrten zu den Enkeln.

Irgendwie kommt mir das alles wie in allen anderen Altersgruppen vor: wie in der Schule, der Uni … wozu sollen wir das lesen?

Ich sehe Annette an: Sie hat diese zwei Stunden topfit überstanden. Ruhig, geduldig, ausgeglichen packt sie ihre Sachen ein und sagt: „Und wer Lust hat, kommt jetzt noch mit zum Mittagessen." Ich gehe nicht mit. Dieser Vormittag hat mich ganz hibbelig gemacht. Ich fühle mich wie nach zwei Hospitationsstunden im Unterricht meiner Praktikanten.

Als wir kurze Zeit darauf am Telefon nur einen Interviewtermin absprechen wollen, sind wir sofort wieder mitten im Gespräch: ob ich heute den Presseclub gehört habe? Der war endlich mal wieder gut! (Nein, ich habe nicht, ich habe gar keinen Fernseher! „Darüber müssen wir aber mal sprechen!"). Gestern hat sie sich mit Bekannten zum Essen getroffen. Zuvor war Bildung angesagt: Museum. Sie hatte etwas anderes sehen wollen, konnte sich dann aber gut umstellen: Kosmetik im alten Ägypten. „Ich muß mich aber nicht unbedingt durchsetzen. Man muß flexibel bleiben. Und es war dann auch sehr interessant."

Mit dem Alter sei es wie mit der Kindererziehung: nur das Vorbild wirke. So habe auf der Reise nach Ägypten ein 40jähriger Mann zu ihr gesagt, als er ihr Alter erfuhr: „Du machst mir richtig Mut." Ihre Gruppe („ja manchmal sind sie sehr lebendig, aber das sollen sie ja auch sein") wird immer größer, „wir sind inzwischen schon 17 Frauen. Wir haben gute Themen, aber vor allem sollen sie Freude haben und gerne kommen."

Und zu ihrer Aktivität: „Wenn jemand zu mir sagt: Du hast immer so viel Kontakte, dann sage ich: Glaub ja nicht, daß jemand zu mir aufs Dorf kommt und mich einlädt! Das mußt du alles selber machen! Dann bekommst du auch Kontakte. Und manchmal ziehen die anderen dann auch nach."

Eine Woche später treffen wir uns.

Annette holt mich zum vereinbarten Kaffeetermin mit einem flotten Auto an der Endhaltestelle der Stadtbahn ab, damit ich nicht extra in den Bus umstiegen muß und in ihrem Dorf durch die Straßen irren muß. Dafür bin ich ihr sehr dankbar, denn mein Orientierungssinn ist gleich Null. Für New Mexicos Pueblos und Malawis Steppen hatte ich meinen privaten Pfadfinderführersohn mitgenommen, weil ich sonst nur strikt geradeaus gehen könnte.

Zuhause bei ihr ist der Tisch gedeckt – und als ob sie mich kennen würde: es gibt viel Kuchen, viele Törtchen, viel Süßes! Während sie Kaffee macht, sehe ich mir ihr Wohnzimmer an – vor allem die Bilder, Graphiken, Halbreliefs und Skulpturen, von denen ich am liebsten gleich einige meiner eigenen Sammlung einverleiben würde. Alle sind sie von Frauen aus Annettes weiterem und fernerem Bekanntenkreis angefertigt und von Frauen, die ihre Hobbys immer mehr verfeinern. Natürlich sind wir auch auf dieser Basis sofort so im Gespräch, daß ich ganz vergesse, meinen Recorder anzustellen. Als ich es merke, ist es längst zu spät.

Annette ist faszinierend in ihrer Lebendigkeit, und unsere Vertrautheit verblüfft mich: als ob wir uns seit 20 Jahren kennen würden! Was ist es, daß ich mit einigen von meinen „tollen alten Weibern“ sofort ein so vertrautes Verhältnis bekomme, während es mit Frauen meiner Generation oft Jahre dauert, um diesen Stand zu erreichen?

Annette war Berufsschullehrerin, früher: Gewerbeoberlehrerin. Sie stammte aus einem Dorf im Lippschen und war das vierte von vier Kindern. Als Mädchen stand ihr keine höhere Bildung zu: Die Mutter betrieb ein Kurzwarengeschäft, der Vater war Ziegelmeister und sieben bis acht Monate pro Jahr von daheim abwesend. Höhere Bildung gab es nur für den erstgeborenen Sohn.

Die Schneiderinnenlehre, die sie an die Schule anschloß, dauerte dreieinhalb Jahre. Ihre Prüfung bestand sie mit „zwei" – theoretisch eins, praktisch drei – schon ein Hinweis auf das „Mehr", das sie mitbrachte?

Während der BDM-Zeit machte der Kreishandwerksmeister ihre Mutter darauf aufmerksam, daß ihre Tochter mit dem Zweier-Abschluß Lehrerin werden könnte. Mit zwei Kursen à 20 Mädchen sollte Ostern 1939 begonnen werden. Von den 360 Bewerberinnen um diese Chance blieben am Ende 36 übrig. Unter ihnen Annette. „Junghandwerkerinnen auf dem Wege zur Hochschulreife" hieß das Programm des damaligen Kultusministers Rust. Einem einjährigen Vorbereitungskurs folgten vier Semester – „eigentlich". Aber es war inzwischen Krieg, alles wurde gedrängt und beschleunigt, aus den Semestern wurden Trimester, und Ferien gab es keine, so daß das ganze Studium nach eineinhalb Jahren abgeschlossen war. Vom Lehrabschluß bis zur fertigen Lehrerin brauchte Annette also ganze zweieinviertel Jahre: Mit 22 Jahren war sie Gewerbelehrerin!

Diese Kurzzeitigkeit habe ihr am Anfang sehr zu schaffen gemacht, erzählt sie. „Die anderen, die zum Teil ein erhebliches Mehr an Ausbildung hatten, könnten merken, daß ich nicht so klug bin." Das habe sich erst im Laufe der Zeit gelegt, „und nach zehn Jahren war ich allen voraus, weil ich ständig etwas tat und mich weiterbildete, während die anderen sich auf dem Erreichten ausruhten."

Das „ich bin doof, die andern wissen alles" kann ich ihr sehr gut nachfühlen. Das ist die durchgängige Einstellung aller Menschen, die den zweiten Bildungsweg (wie er dann später hieß) in einer Gesellschaft durchlaufen haben, für die der eigentliche Mensch erst mit dem Abitur anfängt (alle anderen sitzen noch auf den Bäumen!). Ich erzähle Annette, daß ich in meinem Studium so lange mit meiner Minderwertigkeit zu kämpfen gehabt hatte, bis mein Buchhändler mir zu einem umfangreichen Fremdwörterlexikon verhalf. Das blätterte ich während der Vorlesungen und Seminare immer unterm Tisch durch – und stellte teils verblüfft, teils empört fest, daß „das da vorne" alles alte Kamellen waren: Nur in fremdländisch eben!

Nach einem „Kandidaten"-Jahr in Aachen bekam Annette ihre erste Stelle in Hannover an der Berufsschule für Mädchen, die es noch heute in veränderter, moderner Form gibt. Sie unterrichtete Gemeinschaftskunde, Deutsch, Textilkunde, Fachkunde, Nadelarbeit, Werken, Gesundheitslehre, Krankenpflege, Säuglingspflege und Kulturkunde. 1959 wurde sie Fachvorsteherin für (das Fach) Nadelarbeit in den Klassen der Hauswirtschaftlichen Berufsschule und dann 1973 Oberstudienrätin. Für das Fach Deutsch entwarf sie Ende der 60er Jahre einen neuen Lehrplan mit modernen Texten. „Acht Wochen ‚Minnesänger' ist Quatsch, zwei Wochen reichen! Dafür lieber Bert Brecht!" Dieser brachte ihr denn auch einen „roten" Ruf ein! Sie konnte aber nach und nach ihre Kolleginnen für die neuen, die modernen Texte und Themen erwärmen.

Die Berufsschule war eine Pflichtschule. „Schlimm war, daß viele nicht kamen. 24 Mädchen hatte ich in der Klasse, 14 waren da, und die restlichen 10 gingen zur Arbeit oder schwänzten. Dreimal gab es bei Fehlen „Einladungen" zum Unterricht – jedesmal deutlicher. Die vierte war dann die Zuführung durch die Polizei. Annette erzählt von einer empörten Mutter, die behauptete, ihre Tochter schwänze keine Schule, schließlich brächte sie sie doch jeden Morgen bis an die Schultür ... Erst die Mitschülerinnen überzeugten die Mutter: keine von ihnen kannte die Tochter. Daraufhin war sie weder verblüfft noch empört noch entschuldigte sie sich etwa bei Annette, sondern sagte verständnisvoll: „Dann ist sie bestimmt ins Kino. Wollen *Sie* ihr etwa einen Mann besorgen?" Das sollte dann zum geflügelten Wort im Lehrerzimmer werden!

Knapp 40 Jahre lang machte Annette den Job, von dem bekannt ist, daß diese Schulform die anstrengendste von allen ist. Danach brauchte sie erstmal eine Pause, und 1980 – mit 62 Jahren – begann sie an der Universität ein Studium: Sozialwissenschaften. „Zwanzig Semester habe ich gebraucht, wie Kohl und Geißler. Ich habe es sehr genossen. Ich war sehr regelmäßig da, bin aber immer zu spät gekommen (aber, aber, Frau Lehrerin!). Es war ein reguläres Zweitstudium, das Seniorenstudium gab es damals noch nicht."

Eigentlich wollte sie nach 10 bis 12 Semestern fertig sein, aber die Dozentin, bei der sie ihre Magisterarbeit schreiben wollte, „wurde abgeschafft". „Ihr Vertrag wurde nicht verlängert, sie hatte zu viele Frauenthemen. Das war damals nicht erwünscht. Da mußte ich erst mal neu überlegen. Eigentlich wollte ich damals aufhören. Aber alle jungen Studenten haben mir zugeredet, ich solle den Abschluß machen. Ich war viel mit ihnen zusammen, auch in ihren WGs. Wir haben zusammen gearbeitet und zusammen unsere Scheine gemacht. Am Ende hatte ich 27 Scheine. Sieben hätte ich nur gebraucht. Freud und Marx wollte ich mir ja eigentlich sparen. Um Marx bin ich herumgekommen, aber nicht um Freud!" (Ich muß lachen – ich erinnere mich sehr gut, daß ihr Fachbereich berühmt-berüchtigt war für Dauer-Marx-Freud! Nicht etwa, weil beide so außerordentlich relevant waren, sondern weil ein paar Alt-Achtundsechziger sie eben „drauf" hatten und sich zu etwas Neuem nicht so sehr motivieren mochten!)

„Mit Sprache" hätte sie gerne etwas in ihrer Magisterarbeit gemacht. Oder über das Frauenbild 1890 bis 1980 – was hat sich da entwickelt? Was hat das alles gebracht? Sie bekam dann aber ein Thema, das sie überhaupt nicht interessierte: „Weibliche Zusammenhänge in bezug auf die Reproduktionsarbeit von Frauen". „Scheiße, was hast du dir da für ein blödes Thema ausgesucht! Genau die Frauen, die mich nicht interessieren: Familienfrauen! Nicht meine Zielgruppe! Mit zunehmender Arbeit fand ich es aber dann doch interessant. Aber nicht in einem Vierteljahr, habe ich gesagt. Ich bin jetzt 68 Jahre alt, die Uni macht mir Freude, aber sie muß an zweiter Stelle bleiben. Wenn ich ein Vierteljahr lang nur schreibe, verliere ich alle meine Freunde und die gehen mir vor." So bekam sie mit einem üblichen und durchaus rechtmäßigen „Trick" letztendlich mehr

Zeit zugestanden, schrieb die Arbeit ganz alleine und ohne Betreuung und erhielt eine glatte Eins für das fertige Produkt.

In der ganzen Zeit hatte sie viel Kontakt mit Menschen jeder Altersstufe – vor allem mit Jüngeren, die zum Teil auch bei ihr wohnten, wie z. B. eine „Spagatprofessorin", die ihren Hauptwohnsitz in einer anderen Stadt hatte, aber hier an der Uni arbeitete. Ihre Bedingung: „Ich will auch was von dir haben, wenn du hier bist. Samstags frühstücken wir zusammen und verbringen den Abend gemeinsam."

Mitten in diesem aktiven Leben gab es dann für Annette eine Zäsur: Sie hatte einen Blinddarmdurchbruch, der nicht erkannt und falsch behandelt wurde. Dem Tod sprang sie noch kurz vor dem Abtransport von der Schippe. Sieben Wochen schwerer Krankheit folgten, von denen sie sich kaum erholen konnte. Damals hatte sie den Wunsch, ins Altersheim zu gehen. Sie war 76 Jahre alt und hatte Sorge, alles nicht mehr zu schaffen. Aber ihre drei Jahre ältere Schwester riet ab und half und stützte und sorgte … und Annette blieb daheim. Als ein Jahr später von den Gewerkschaften die „Seniorenakademie Otto Brenner" gegründet wurde, war sie dabei. „39 Gründungsmitglieder waren wir, davon 13 Frauen. In der Satzung kam nur einmal das Wort Frau vor, alles andere war in männlicher Form geschrieben. Ich habe gemeckert. Natürlich wurde ich als störend empfunden und als Emanze. Es war zunächst ein Pilotprojekt. Aber ich fand das Programm nicht in Ordnung. Alles war ohne Frauen. Als ich immer wieder kritisiert habe, hieß es dann: ‚Was bietest du an? Du willst doch was für Frauen!' Ich lief rot an und mußte mir etwas überlegen. Ich beriet mich mit Leuten vom Studium und mit einer Frau vom Beratungstelefon für Frauen. ‚Einfach drüber reden' haben wir dann als Titel gefunden, und seitdem läuft es so.

Die Ideen für die 14tägigen Treffen nehme ich aus dem Alltag. Alle 14 Tage überlege ich von Mitternacht bis halb eins morgens. Aber 14 Tage gehe ich vorher schwanger mit den Ideen. Ich habe mir den Autor der ‚Globalisierungsfalle' angehört. Das *mußte* ich, alle reden davon, da mußt du doch wissen, was das ist. Daran haben wir uns im Kreis dann lange festgehalten, wie vorher an dem EURO. Die ‚Globalisierte Frau' bekam ich dann zu Weihnachten, und daran machen wir im Moment weiter, wie du ja weißt. Dann hatten wir auch eine Landtagsführung mit einer einstündigen Diskussion mit Politikern. Ich wollte niemanden von der CDU, und ich wollte eine Frau. Aber das kann man sich nicht aussuchen. Gut, dann nehmen wir eben was wir kriegen, habe ich gesagt, und wir bekamen einen Grünen und eine Frau von der CDU. Zweieinhalb Stunden hat das gedauert, und danach waren alle noch so munter, da gingen wir noch essen. Eine Führung durch das Naturschutzgebiet Steinhuder Meer war im Programm. Ich kannte da eine junge Frau von früher, die hat uns das organisiert, und wir sind mit privaten PKWs hingefahren. In Hildesheim waren wir zur Picasso-Ausstellung. Wenn wir mit dem Thema Globalisierung durch sind, mache ich etwas zum Gegenteil. Ich lese gerade ein Buch über Langsamkeit, über das, was die Menschen wieder mehr brauchen: sich Zeit nehmen, ruhig werden, auf sich selbst besinnen. Nicht immer nur: mehr und schneller und noch mehr und noch schneller.

Als ich 80 wurde, wollte ich aufhören. Ich habe das drei Jahre lang gemacht, jetzt habe ich einen Anspruch auf Ruhe, habe ich gesagt. Aber damit bin ich aufgelaufen. Die wollen mit mir noch weitermachen. Mal sehen! Wenn ich aufhöre, schreibe ich ein Buch über mein Leben. Das wollte ich schon nach der Pensionierung. Ein Buch schreiben *oder* auf die Uni. Aber das Schreiben ist ein einsamer Job. Und alles zusammen schaffe ich nicht mehr.

Nachts schreibe ich mir immer viele Punkte auf, davon schaffe ich bis abends gerade noch fünf. (Ich auch!) Man wird eben langsamer. Ich gehe sehr spät ins Bett. Für viertel vor neun stelle ich den Wecker, um zehn vor neun gibt es die nationale Presseschau. Die höre ich mir an. Um zehn vor eins gibt es dann die internationale Presseschau, da höre ich dann, was in der nationalen Presse gelogen wurde. Ich bin politisch auf dem Laufenden. Das muß man sein. Politik ist ja wie ein Krimi: Was du nachts ein- oder zweimal hörst, hört sich tagsüber plötzlich ganz anders an. Da kommt dann am Rande ein kleines Dementi, und wenn du nachts nicht gehört hast, um was es ging, sagt dir das dann gar nichts. Da wird furchtbar viel gelogen und manipuliert. Für all das brauche ich auch das Fernsehen. Ich mache mir nachts ein genaues Programm für den nächsten Abend" – sie zeigt mir ihre Notizen, was sie wann heute abend sehen will bzw. sehen wollte, wenn ich nicht so lange geblieben wäre. Das Programm ist nach Wichtigkeit abgestuft. Fast nur politische Sendungen. Ich sehe ins Programm ... diese schönen Krimis ...! Annette blickt mich leicht irritiert an. Wahrscheinlich hat sie mich doch etwas höherwertig eingestuft!?

Was sie sonst noch so tut? Sie ist viel unterwegs, besucht, trifft sich, geht essen „z. B. mit meiner alten Direx. Die ist jetzt 93 Jahre alt." Und ab und zu, wenn es sie überkommt, geht sie mal kurz ins Spielkasino. Am letzten Sonntag hat sie gewonnen, „nicht viel, 480 DM". Ach, wie ist sie mir doch so vertraut! Meinen 55. Geburtstag habe ich ebenfalls im Spielkasino gefeiert und 170 Prozent gewonnen!

Was sie meiner Generation rät? „Du brauchst ein Hobby, das du schon dein Leben lang gepflegt hast, wie ich z. B. ein Faible habe fürs Schreiben und für Literatur. Aber andere sagen: jetzt mal was ganz Neues. Das muß jeder für sich probieren. Kunst, Politik ... es gibt so viel. Weißt du, das Schlimme am Alter ist doch nur, daß dir die Freunde alle wegsterben. Das Gute ist, daß du junge Leute kennenlernst, auch junge Männer, und keiner denkt, du willst ihn anmachen. Wenn *du* einen 50jährigen nach dem Weg fragst, glaubt der doch, die will was von mir. Was meinst du, was ich für nette 30jährige Begleiter finde. In New York bin ich mal den ganzen Tag mit einem jungen Streetworker zusammen gewesen ... wir haben uns wunderbar unterhalten und verstanden. Völlig unverkrampft. Das ist es: Du brauchst alle Generationen um dich, wenn du am Leben richtig teilnehmen willst!"

„Ich habe mich in meinem ganzen Leben nie gelangweilt“

(Uschi M., 86 Jahre)

Annette, offenbar angetan von meinem Buchprojekt und voll in der Altenszene, hat gleich noch eine Idee: Mir würde zur Vervollständigung etwas Künstlerisch-Handwerkliches fehlen! Sie hätte da auch gleich einen Tip – ob sie mal anfragen solle für mich? Das Schneeballprinzip funktioniert, und ich bin sehr angetan von so viel Mitdenken und Arbeitabnehmen.

„Es ging ganz problemlos“, berichtet sie einen Tag später am Telefon, „aber es muß jetzt schnell gehen. Uschi geht am Montag früh ins Krankenhaus. Sie bekommt ein neues Hüftgelenk und ist dann erstmal sechs Wochen weg. Ich habe gleich den Samstagnachmittag zum Kaffee ausgemacht. Wir treffen uns dann dort!“ – und so ist es dann auch!

Frau M. erwartet uns bei gedecktem Kaffeetisch. Sie geht recht beschwerlich und berichtet gleich von der Operation, die sie vor sich hat: Ein Hüftgelenk wurde vor einem Jahr „gemacht“, das zweite kommt übermorgen dran. „Und wenn das so gut wird wie das erste, kann ich wieder schmerzfrei laufen.“ Sie zeigt uns Zeitungsartikel über dieses Operationsverfahren, weiß sehr genau Bescheid und ist relativ furchtlos, denn „vor kurzem hat dieses Operationsteam das zehntausendste Hüftgelenk eingesetzt. Da werden sie es wohl langsam können!" Natürlich kennt sie auch den Fall einer Bekannten, bei der die Operation problemlos verlief, aber zwei Tage später war sie tot: Lungenembolie! Aber sie sei Optimistin, und sie freut sich schon heute auf die Heimkehr in sechs Wochen, weil sie gerne kocht und backt und weil ihre Brigde-Schwestern warten und auch ihre Katze Minka … und überhaupt!

Frau M.s Hobbys sind seit Jahrzehnten kunsthandwerkliche Arbeiten von bezaubernder Feinheit und Vielfalt. Fasziniert stehe ich vor dem großen Ast einer Korkenzieherhasel, der am Türrahmen befestigt ist. Er ist behängt mit zahllosen Ostereiern in unterschiedlichen Farben. „Schon bei der Adventsbäckerei beginne ich mit dem Sammeln. Da puste ich die Eier aus und hebe sie auf. Und ab Januar beginne ich dann." Die Eier sind mit feinsten Bordüren, Borten und Litzen beklebt, mit winzig kleinen Häkeleien, und diese jeweiligen Elemente sind verbunden durch hauchdünne Goldfäden und farbige Garne. Kein Ei gleicht dem andern. Rokoko! (Ich zügele meine Habgier und Spontaneität und frage *nicht*, ob ich nicht eins bekommen könnte! Schließlich bettelt man nicht.) Diese Eier steckt sie auch auf Schaschlickspieße und verschenkt sie zu Ostern als „Blumenstrauß".

Jahreszeitunabhängig stellt sie Kugeln zum Aufhängen her: Farblose Glaskugeln verschiedener Größe behäkelt sie mit einem ganz feinen Baumwollgarn in verschiedenen Mustern und Farben und gibt ihnen eine Aufhängevorrichtung. Vors Fenster gehängt und gegen das Licht zeigt sich dann die gleichmäßige Struktur der Arbeit. Ich rücke extra meine Brille auf die Stirn, um mir die Regelmäßigkeit anzusehen (kein Fehler? Nein!). Diese Arbeiten – so erzählt sie – macht sie während des Fernsehprogramms. Fernsehen alleine wäre ihr zu langweilig, obwohl sie sich ihre Sendungen genau aussucht. („Ich picke mir die Rosinen raus.") Aber sie hat sich extra eine Brille anfertigen lassen, mit der sie abwechselnd in die Ferne (deshalb Fernsehen!) und auf ihre Häkelarbeit sehen kann. Nein, mit den Augen hat sie keine Probleme. Doch, natürlich müsse man das alles sehr vorsichtig anfassen, damit nichts zerbricht. Aber auch das sei für sie kein Problem.

Was sie sonst noch tut, bekomme ich gleich am Anfang zu sehen: Annette bekommt nachträglich zum Geburtstag („das ist zwar schon fünf Monate her, aber das sehen wir nicht so eng!") ein dickes Päckchen mit Postkarten: Jede hat eine andere Blumen-, Blätter-, oder Gräserkomposition. Frau M. sammelt das ganze Jahr über bei ihren Spaziergängen Materialien aus der Natur – vor allem sehr Kleines und Feines. Sie preßt es und stellt daraus Karten her. „Ich stelle das Motiv erst zusammen, und dann klebe ich die Blüten vorsichtig auf Klebefolie, wie man sie zum Büchereinbinden verwendet. Diese habe ich vorher genau nach Maß ausgeschnitten, und auf den Karten habe ich die Eckpunkte markiert, damit die Folie exakt in die Mitte kommt. Natürlich muß ich sehr aufpassen. Was einmal klebt, geht nicht mehr abzulösen. Aber da macht es auch die Übung!"

Diese Karten sind ebenfalls Geschenke: „Statt Blumenstrauß! Davon hat man viel länger und kann sie auch noch verschicken."

Frau M. war früher Schneiderin. Nach der Mittelschule besuchte sie die Frauenfachschule, die diesen Ausbildungsgang mit Gesellenabschluß anbot. Mit 21 Jahren heiratete sie und bekam zwei Kinder. Als ihr Mann für seinen Beruf „den Meister machen" mußte, dachte sie sich, daß sie das in ihrem Beruf auch könne – und tat es.

In ihren Familienjahren war sie immer handwerklich tätig: schneidernd, strickend („für die ganze Familie"), werkend. Jede Anregung griff sie auf. „In der Frauenfachschule habe ich das Künstlerische gelernt. Ich brauchte mir dann nur noch abzugucken, was gerade ‚in' war und habe dann mein Eigenes draus gemacht."

Nach Verwitwung ging sie mit 50 Jahren noch einmal eine Ehe ein, die nicht ganz einfach war. Auch deshalb sorgte sie dafür, daß sie ihren Freundinnenkreis behielt, den sie aktiv mitgestaltete. Nach ihrer zweiten Verwitwung – ihr Mann war wesentlich älter als sie – baute sie ihre kunsthandwerkliche Tätigkeit aus. Für den Freundeskreis bot sie ein komplettes Programm an: „Jedes Jahr etwas Neues". „Da haben wir z. B. im Keller Batikarbeiten gemacht, auch Kniffbatik. Das war immer eine ziemliche Schmiererei." Scherenschnittarbeiten, Kerzenkränze, Duftkissen, Türschmuck, Emaillarbeiten (Annette brachte dazu aus der Schule den Brennofen mit) ... und alles, was gerade in Mode war. Ein Vierteljahr hat sie in einem Altersheim mit den Bewohnerinnen gebastelt: „So lange, bis die alles beherrschten, was ich selber konnte."

„Ich brauche nur ein paar Ideen von außen und habe dann hundert Ableitungen. Das konnte ich schon immer, und außerdem macht Not erfinderisch. Ich erinnere mich noch an die Nachkriegszeit. Damals gab es Camelia-Damenbinden aus Strick. Die mußte man jedesmal durchkochen. Die habe ich einfach aufgerippelt und für die Kinder Höschen daraus gestrickt."

„Ich kann aber auch alles andere, was man für den Haushalt so braucht: Lampenschirme beziehen, Tischdecken nähen und häkeln, Sessel selber beziehen ...", und dann zeigt sie mir ein Prachtexemplar von Lampe: eine Tiffany-Arbeit, vor kurzem entstanden in einem Kurs für Fortgeschrittene. Im Anfängerkurs hatte sie ein Fensterbild hergestellt. Auch das zauberhaft! Die Lampe kam dann später: „Und ich hatte doch noch nie in meinem Leben einen Lötkolben in der Hand gehabt!" Die Lampe ist nicht nur wunderschön in Form und Farbzusammenstellung, sondern auch absolut exakt und „professionell" gearbeitet.

Und sonst? In der Reha-Klinik hat sie im letzten Jahr getöpfert – auch das ist mehr als vorzeigbar. Im Krankenhaus, wenn sie ans Bett gefesselt sein wird, wird sie viel häkeln, und in der anschließenden Reha-Kur ... da wird sie sehen, was diesmal angeboten wird.

Nein, verkaufen tut sie nichts von diesen wunderschönen Arbeiten. Sie verschenkt sie. „Mitbringsel", sagt sie. „Ist doch was ganz Persönliches!"

Das Kegeln hat sie wegen ihrer Hüftbeschwerden kürzlich aufgegeben. Aber drei- bis viermal wöchentlich spielt sie Bridge. Da trifft man sich reihum bei den Mitspielerinnen. Und jedesmal, wenn bei ihr gespielt wird, backt sie Kuchen und Kleingebäck. Die Bridge-Runde wechselt – zwangsläufig! „Im Laufe der Jahre habe ich 16 Mitspielerinnnen durch Tod verloren. Aber wir suchen in der Zeitung immer nach neuen. Mir macht es auch nichts aus, wenn Anfängerinnen dabei sind. Ich habe doch auch einmal angefangen!"

Daß sie mit Ende 60 an Krebs erkrankt war, der nach ersten Behandlungen wieder aufflackerte, erzählt nicht sie, sondern Annette. Nach langwierigen und „unangenehmen" Behandlungen hat sie ihn überwunden. „Ich bin ein lebensfroher Mensch. Das sind für mich jetzt geschenkte Jahre. Dem Arzt, der mich operiert hat, habe ich jedes Jahr zum Jahrestag der Operation Rosen vor die Tür gestellt: im ersten Jahr zehn, im zweiten zwanzig, im dritten dreißig usw. Bei hundert hat er dann gesagt: Nun ist aber genug. Und da habe ich ihm dann kleine Sektflaschen geschenkt, elf beim elften Jahrestag, zwölf beim zwölften Jahrestag usw.

Ich bin keine Kirchgängerin, aber ich glaube an Gott und ich danke ihm jeden Abend beim Abendgebet, daß er mir diesen Tag geschenkt hat."

Und Annette, der Kirche ziemlich abhold, ergänzt: „Ich sage mir auch einmal am Tag, wie gut es mir doch im Leben geht!“

„Störfall Tod"

Mir scheint, daß es kein Buch über(s) Alter(n) gibt, in dem nicht automatisch am Ende das Thema Tod und Sterben steht. Auch Interviews mit alten Menschen enden stets – vorsichtig, zaghaft, pietätvoll – mit der Frage nach einem Jenseitsglauben.

Mit Betroffenheit stelle ich (etwas zu spät!) fest, daß ich diese Fragen alle nicht in meinen Interviews und Gesprächen gestellt habe. Nachträglich kann ich es mir erklären: Ich muß nicht jedes Tabu nach dem Motto enttabuisieren: Wir sind so offen, so progressiv und so aufgeklärt, daß wir auch locker *darüber* sprechen können. Tod und Sterben ist für mich eine so intime Thematik, daß ich sie nicht mit Menschen ansprechen mag, die ich kaum kenne (bei denen, die ich kenne, kenne ich auch die Einstellung!).

Vor allem aber – und das ist wohl der Grund, daß ich überhaupt nicht auf die Idee nach dieser Frage kam: Ich stand mit meinen Gesprächspartnerinnen so sehr im prallen Leben, war so fasziniert von ihren Aktivitäten, bewunderte ihre Pläne, ihre Kontakte, ihre Ideen, die jeweiligen Durchführungen, daß einfach kein Raum für diese Frage blieb. Hier war Leben und nicht Tod das Thema! Im Alters- und Pflegeheim hätte ich es sicher nicht „vergessen", wäre vermutlich überall darauf gestoßen (worden) – aber hier? Auf Tour durch Zentralafrika, beim Flötenunterricht mit Vorschulkindern, auf Exkursion durch die Kunststädte Deutschlands, im Gespräch mit erlebnisreisenden Jugendlichen ... – da fehlte jeder Hauch von Endlichkeit.

Die Leserin möge es mir verzeihen.

Dennoch klang das Thema hin und wieder – wie im Vorbeigehen – an: ganz natürlich, „logisch", unaufgeregt – und so ganz anders, als ich es von Fachtagungen kenne!

Bei der Fallbesprechung auf einer Mediziner-Tagung – ich bin die einzige Nichtmedizinerin – geht es um eine alte Frau, die bewußtlos auf der Straße gefunden wird. Der herbeigerufene Notarzt ist zufällig auch der Hausarzt der Frau, die – Ende 70 – schon lange unter schwerer Herzkrankheit leidet und immer häufiger reanimiert werden muß. Nach dem letzten Mal hatte sie ihren Arzt gebeten, es in Zukunft bleiben zu lassen. Sie habe ihr Leben gehabt, sie sei alleinstehend, und sie sei bereit zu sterben.

Wir sollen nun entscheiden, wie wir uns im aktuellen Fall verhalten würden. Ich bin die einzige, die unter Abschätzung juristischer „Risiken" für den Arzt für „Sterbenlassen" plädiert. Die Mediziner entscheiden ausnahmslos für das Reanimieren und für die Krankenhauseinweisung.

In der darauffolgenden Diskussion wird deutlich: Für (das Gros der) Mediziner ist der Tod ihr Gegner, gegen den sie um (fast) jeden Preis gewinnen müssen. Der Tod ist ein Störfall, der nicht eingeplant ist, der nicht eintreten darf, wenn man ihn auch nur irgendwie verhindern kann. Leben wird erhalten (in anderen Fällen – vor allem zu Beginn des Lebens – sind dieselben Ärzte oft nicht so pingelig!)

Die Folgen sind dann nicht selten die reanimierten „lebenden Leichname“, die niemand mehr von den Beatmungsmaschinen nehmen will (und kann – juristisch!): nicht selten trotz besseren Wissens, daß dieser alte Mensch lieber nach weiteren fünf Minuten der Bewußtlosigkeit gestorben wäre, als noch Wochen und Monate an Schläuchen und Geräten zu hängen, bis sich jemand klopfenden Herzens erbarmt.

„Störfall Tod“ nach Jahrzehnten des Verdrängens von Altwerden und Altsein?

„Wir sind alte Frauen und keine Seniorinnen“, hat eine meiner Interviewpartnerinnen gesagt. „Und wir möchten auch das Recht haben, im positiven Sinne *alt* zu werden, *alt* zu sein und dann irgendwann zu gehen, wenn es an der Zeit ist. Wir wollen unser Leben *alter*sgemäß leben, es aktiv gestalten und in Ruhe gelassen sterben.“

Und wie sagte Hermann Hesse?

„… und zuletzt ein sanfter Tod –
aber später, noch nicht heute!“

Was es sonst noch alles gibt …

Endlich …

… hat Deutschland seinen ersten Spielplatz für Alte! Die Medien berichten darüber.

Es ist eine sooo normale Sache, daß man sich unwillkürlich fragt, wieso bis heute noch niemand darauf gekommen war!?

Neben einer Familienbildungsstätte wurde der Außenspielbereich eingerichtet: ein großer Schachplatz, eine Kegelbahn, Dart, Spieltische, Kaffeetrinkmöglichkeiten …

Gedacht ist er für ältere Menschen, die keinem Verein angehören (wollen), dennoch aber Gesellschaft und gemeinsames Tun suchen. Die Idee wurde spontan aufgegriffen, umgesetzt – und der Spielplatz wird vom ersten Tag an stark frequentiert.

Wer darüber hinaus auch mal gerne schaukeln oder in der Sandkiste spielen möchte, braucht nur ein paar Meter weiter zu gehen. Dort befindet sich der Kinderspielplatz der Bildungsstätte, und ganz offensichtlich haben bisher weder die Alten noch die Jungen etwas gegen die „Altersdurchmischung" einzuwenden.

Mit Sicherheit werden sich über kurz oder lang Großeltern-Enkel-Freundschaften entwickeln (zur Freude der Eltern!) – und dann können alle auch andererorts zusammen spielen!

Wer ist die Älteste im ganzen Land?

Wer die Schönste im ganzen Land sein könnte, war schon im Märchen schwer zu beantworten. Schließlich liegt Schönheit im Auge des Beschauers, und der Mensch, den man am meisten liebt, ist einem ohnehin der Schönste.

Bei der Frage, wer der/die Älteste im Lande ist – so denkt man –, dürfte es solche Probleme nicht geben, gibt es doch Statistiken, Geburtsregister, Kirchenbücher. Aber noch nicht einmal darauf kann man sich heutzutage noch verlassen: Erst seit 1900 wird „gezählt". Wer also 99 oder 100 Jahre alt ist, ist wirklich 99 oder 100. Wer 107 Jahre alt ist, wie Bertha L. im hannoverschen Pflegeheim (dort seit dem 97. Lebensjahr!), ist zwar vermutlich wirklich 107 Jahre alt – aber niemand weiß, ob nicht bei der Altenheimkonkurrenz um die Ecke noch jemand ist, der 108 Jahre zählt.

So haben die Statistiker wieder einmal Chancen auf das Buch der Rekorde vertan.

Sicher wissen wir aber, daß in Deutschland 1975 rund 500 Menschen über 100 Jahre alt waren, 20 Jahre später waren es schon knapp 5000, und (Statistik!) derzeit rechnet man mit rund 7000!

Im Land der aufgehenden Sonne sind es bereist 10 000, 82 % von ihnen sind Frauen.

Noch komplizierter ist es mit den Alten im Lande der Bulgaren, wo noch weniger gezählt und notiert wurde – zumal man dort im ländlichen Bereich des Schreibens sehr lange unkundig war. Die 122jährigen Bulgaren habe ich ohnehin immer für einen Werbegag der Yoghurt- und Knoblauchindustrie gehalten – so wie das am Reck turnende Holzmännchen, das 24 Stunden täglich im Apothekenfenster seine Klimmzüge und Rolle vorwärts demonstrierte, um die Kasse des Chefs klingeln zu lassen. Ich bin trotz ausdauernder Studien in Kindheit und Jugend nie hinter den Mechanismus gekommen. (Vielleicht waren es ja wirklich die Knoblauchpillen!?)

„Ische"

Auch ich habe meine Globalisierung. Im Prinzip lebe ich seit 20 Jahren in meinem „magischen Dreieck", wie wohlmeinende Freunde es nennen. Weniger wohlmeinende prophezeien mir regelmäßig, daß ich eines Tages in diesem Bermudadreieck spurlos verschwinden würde. Aber wer hinterläßt in seinem Leben schon gerne *keine* Spur? Meine beiden Behausungen für den Gelderwerb einerseits und die Rekreation andererseits, die vor allem aus einem immerwährenden Kampf gegen Giersch, Brennesseln und Löwenzahn besteht, hat mein Dreieck noch einen weiteren Ort: fern auf einer (leider nicht so) einsamen Insel. Und dort geschieht dann hin und wieder Globales. Konkret: Ich sitze – des Mittagessenglockenläutens harrend – in der Sonne auf einer Bank, umgeben von windabhaltenden Steinwällen mit Stranddiesteln und Kamtschatka-Rosen bepflanzt, und lausche einem unsäglich smarten älteren Herrn, der angereist ist, um abends meiner und anderer Leute Bildung in Sachen Biologie und Physik auf die Sprünge zu helfen. Der

Chef des Inselstaates hat sich für ein paar Tage aufs Festland abgesetzt und mich gebeten, die Begrüßung dieses Gastes zu übernehmen. Er ist „mal eben so" aus Vancouver eingeflogen.

Mit großer Begeisterung berichtet er von seiner Arbeit, seinen Ideen, von dem, was er alles noch plant. Er ist einfach hinreißend!

Irgendwann fragt er mich dann, was ich denn so treibe (das finde ich noch viel hinreißender) – haupt-, neben- und ehrenamtlich, alles wird abgeklappert. Irgendwann komme ich dann zu meinen „alten Weibern". Noch bevor ich ausgesprochen habe, schon gar nicht erklärt habe, um welche Ziele es mir dabei geht, da hat er nicht nur begriffen, sondern ist gleich Feuer und Flamme und wird aktiv: „Da *müssen* Sie Ische kennenlernen! Ische (gesprochen Iiiische und gemeint Ilse) gehört einfach in so ein Buch. Also Ische ...", und er erzählt von ihr, als sei er extra deswegen über den großen Teich herangeschwebt.

Ische, so erfahre ich, ist die Freundin seiner Schwiegermutter, alles schon recht betagt, das Ganze nur ein paar hundert Kilometer von hier entfernt (was ist das schon gegen Vancouver!) und einfach eine tolle Frau! Das gemeinsame Treiben der alten Damen lohne sich wirklich zu Papier zu bringen.

Und dann erweist er sich sogleich als ein Mann der Tat: „Das werden wir gleich haben. Da rufen wir gleich mal an! Kommen Sie!" Wir eilen seinem Strandhäuschen und dem Telephon entgegen: „Muddi, hab ich dich geweckt? Nein? Die Sonne ist so heiß? Ja. Dir geht es gut? Also hör mal. Ich habe hier eine Frau, die schreibt ein Buch ... Die hat auch Vati noch gekannt ..." (Er blinzelt mir zu und flüstert: ‚Das ist wichtig!')" … Ja und da hab ich gedacht …"

Es ist ein sehr langes und sehr warmherziges Gespräch, an dessen Ende eine halbe Zusage für ein Kennenlernen steht. Er akzeptiert alles, auch daß Ische „scheu" ist, wie die Schwiegermutter sagt, aber sooo scheu doch nun auch wieder nicht bei all dem, was sie so tut … meint er augenzwinkernd.

Am Abend eilt die Ehefrau herbei, erfaßt auch sofort den Ernst der Lage und nimmt die ganze Angelegenheit noch einmal in die Hand – zumal, wie sie mir berichtet, es da noch eine Dritte im Bunde gäbe: ebenso alt, ebenso fit, ebenso aktiv – und dazu noch ihre alte Lehrerin aus Kindertagen.

Sie telephoniert nochmal, erklärt nochmal und gibt dann grünes Licht. Alles ist eingefädelt, mein globaler Kontaktmann schwingt sich wieder in die Lüfte, und ich bin um drei wunderbare alte Damen reicher … Dachte ich jedenfalls …

Dann packt mich *mein* altersbedingter Verschleiß und wirft mich auf die Liege – teils auf meine, teils auf die meines Orthopäden. Nichts geht mehr. Und ich denke viel an die drei, die zu guter Letzt einverstanden waren, mich in einem kleinen Café gleich neben dem Kleinstadtbahnhof zu treffen und mit mir zu reden. (Nein, nicht nach Hause … da müßte man erst aufräumen – wie sympathisch! Mir geht es ähnlich, wenn sich eher offizieller Besuch ansagt und ich dankbar bin für den „Italiener gegenüber".)

Ich denke daran, was sie mir alles noch ausführlicher erzählt hätten, als ich es in den Vorgesprächen schon erfahren hatte:

Zu dritt waren sie schon in der Schule befreundet – das ist mehr als 75 Jahre her. Nun sind sie alle miteinander zwischen 86 und 89 Jahre alt. Die Freundschaft hielt über alle Ereignisse des Lebens, zumal sie im gleichen Ort blieben. Insbesondere teilen sie ihre Freizeitinteressen. Eine von ihnen hat noch mit 80 Jahren gelernt, mit dem Computer umzugehen. Zwei von ihnen fahren noch Auto – gerne auch mal lange Strecken durchs Land. Zum Ausruhen um die Mittagszeit fahren sie in eine Waldschneise und halten ihr Nickerchen.

Es kann jedoch vorkommen, erzählt der gütige Schwiegersohn mit lachenden Augen und voller Zuneigung, daß sie sich dermaßen verfahren, daß sie nicht mehr heimfinden. Dann rufen sie daheim an, bitten um Suche und Abholung – und dann setzt sich (vermutlich schwer seufzend!) irgendwer hinter das Steuerrad und startet zum wiederholten Male eine Rettungsaktion.

Ich kann mir gut vorstellen, daß damit das Gesprächsthema in Verwandtschaft, Freundeskreis und Nachbarschaft für die folgende Woche wieder gesichert ist – mit liebevollem Spott, Augenrollen, Seufzen über soviel Unverstand ... und mit einer Prise Bewunderung, was diese drei Alten noch so alles auf die Beine bzw. die Reifen stellen. (Gleichzeitig kann ich mir vorstellen, was so ein „Ausbrechen" aus dem Alltag für viele Altersheime bedeuten würde – und für die „Ausreißer": Suche durch die Polizei und strikte Verbote, denen im schlimmsten Fall bei „Wiederholungstätern" eventuell mit dämpfender Chemie nachgeholfen wird!)

Als besonderen „Gag" erzählte mir der Schwiegersohn noch etwas über „Ische": Ihr Mann betreibt noch immer einen Fahrradladen, in dem sehr viel Reparaturen anfallen. In einer Kleinstadt „kennt man sich", und gelegentlich werden reparierte Räder auch mal ohne sofortige Bezahlung herausgegeben ... und dann wird das Zahlen vergessen. Hilft eine Mahnung nichts, schwingt „Ische" sich in ihr Auto ... und holt die Räder einfach wieder zurück. Was Recht ist, muß Recht bleiben! Ob das mit körperlichem Einsatz gegen Widerständler geschieht, ist mir leider nicht vermittelt worden.

Wie schade, daß ich sie nicht kennenlernen konnte!

Ein Bündel Aktivitäten

Zu einem richtigen Urlaub hatte es bei mir mal wieder nicht gereicht – irgendwie neigt mein Terminkalender zum gleichen Chaos wie ich. Warum nur straft er mich ständig?

So nahm ich die fünf Resttage, die hart eingezwängt waren zwischen all dem Wichtigen und fuhr an die See zu einem Wiedersehen mit der Stadt und dem Strand meiner Kindheit. Man sollte es nicht tun – nicht nur, weil alles so viel kleiner ist, so entzaubert. Es ist auch alles so aufgemotzt, naturbereinigt und kriminell teuer, was einst ein simpler Sandstrand mit Strandgut war. Trotz Frühherbst und Schmuddelwetter waren die Strandhotels belegt und überteuert. Meine kleine Familienpension war eng, muffelig und lag weit ab. Der Strand war pitschnaß, und ich war ständig auf der Suche nach Futter und Beschäftigung.

Auf diese Weise landete ich dann eines nachmittags in der Kurhalle (!) bei der Veranstaltung eines Laienkabaretts. In der Not frißt der Teufel Fliegen, dachte ich … zumal die nächste Sintflut sich schon wieder am Horizont ankündigte.

Die Überraschung war groß, die Begeisterung am Ende noch größer. Es war ein „Alten"-Kabarett: ein Dutzend kurzer Stücke, politisch, hochaktuell, witzig, spritzig, herrlich böse! Keine Peinlichkeiten, keine Ausrutscher, dafür viel Improvisiertes und ein schnelles Parieren in der Interaktion.

Nach der Vorstellung gab es stürmischen Applaus – das war mehr als ein Überbrücken der Zeit zwischen zwei Regengüssen, zwischen Strandcafé-Kaffee und Italiener-Pizza-Abendessen!! Ich sprach die Initiatorin an, eine lebendige Mittsiebzigerin, und kam mit ihr ins Gespräch: Ein rundes Dutzend Frauen zwischen Mitte 50 und Anfang 80 gehören zu der Truppe. Die Seniorin ist aufgrund ihrer Rollen und der Kunst der Darstellung meist die Hauptfigur. Die Programme schreiben die Frauen selbstverständlich selber. Die Themen entnehmen sie der Tagespresse und den eigenen Erlebnissen: im Sozialamt, im Reisebüro, Reproduktionsmedizin, im Altencafé … Alltag in Dialoge gebracht – mehr braucht es nicht, um der Realität ihre zynischen Seiten abzugewinnen!

Wir verabreden für einen späteren Zeitpunkt einen weiteren Kontakt, bei dem ich dann auch die anderen kennenlernen soll.

Aber es kommt nicht dazu. Als ich mich einige Monate später zu einer nochmaligen Reise in den hohen Norden aufschwingen will und mich telephonisch anmelde, erfahre ich, daß es diese Kabarettgruppe nicht mehr gibt. Meine Gesprächspartnerin will nicht so recht mit der Sprache heraus, aber es wird dann deutlich: Die „Jungen" haben den „Alten" zu sehr zugesetzt, wollten sie dirigieren, ihnen Kompetenz absprechen, sie nach ihrer eigenen Pfeife tanzen lassen. Schlicht: entmündigen! Wie üblich! Das war der Tod der Gruppe nach vielen Jahren gemeinsamer Arbeit.

Schade! Und: Was sie denn nun statt dessen tun?

So schade es tatsächlich für alle sein mag – es gibt eine Menge Alternativen, und die Zeit ist ausgefüllt, manchmal sogar überfüllt. Auch hier drückt der Terminkalender freiwillig und unfreiwillig.

Die zwei wichtigsten Projekte schilderte meine Gesprächspartnerin mir ausführlich. Das erste ist die Herausgabe (und das Schreiben!!) einer Zeitung von Alten für Alte. Dabei geht es um aktuelle Informationsweitergabe: sozialpolitisch (Rentendiskussion ... Kuren ...), um Allgemein-Kulturelles (neue Bücher ... Rechtschreibreform ...) und um Lokales, soweit es für alte Menschen interessant ist. Das ganze Projekt ist aufregend, spannend, sehr, sehr, sehr zeitaufwendig, denn die Informationen fallen einem nicht stets und ständig zu. Sie müssen beschafft und kontrolliert werden, die Bücher gelesen, eventuelle Theaterstücke für die Empfehlungen angesehen werden. Das Ganze geschieht unter der Schirmherrschaft (auch räumlich) der Arbeiterwohlfahrt, die sich seit langem auf Altenarbeit konzentriert.

Das zweite Projekt ist eine besondere Art der Begegnung von Alt und Jung. Mit einer Schule gibt es Kontakte und monatlich einen „Austausch". In einem Monat kommen die Schüler in die Altenbegegnungsstätte und lassen sich die Spiele der Alten aus ihrer Kindheit und Jugend zeigen, die diese – oft selber schon ererbt – vor 60, 70 ... Jahren spielten. Natürlich wird – wenn das Eis getaut ist – kräftig mitgespielt und ausprobiert: Kreisel mit der Peitsche antreiben, Reifen mit Stöckchen die Straße herunterdirigieren, Himmel und Hölle hüpfen ...

Im Monat darauf sind die Alten Gäste in der Schule. Dann zeigen die Schüler ihre Spiele von heute. Daß der Einsatz neuer Medien dabei im Mittelpunkt steht, ist selbstredend.

Das Schönste bei dieser ganzen Aktion: Alle nehmen sich gegenseitig ernst, sind wiß- und lernbegierig, üben bis sie es können und spielen voller Begeisterung nach, was ihnen über die Jahrzehnte hinweg angeboten wird – und es gibt weder Abwertung noch Verächtlichmachung der jeweiligen Kultur der anderen. Der Kreisel ist nicht primitiv, das Gehopse auf dem Pflaster nicht albern und die High-Tech-Dinge nicht verabscheuungswürdig.

So traurig der Verlust des Kabaretts ist, diese Projekte laufen neben einigen kleineren Arbeiten schon viele Monate mit großem Erfolg. Ein Ende ist nicht abgesehen. Neue, die es später weitertragen, sind jederzeit willkommen. Man setzt auf Zukunft! Und in der Gegenwart sind es nicht nur Renner, sondern für die Generationen existentielle Aufgaben.

Der Geburtstag der Alten-WG

„Was wir wollen ist, daß ihr uns nicht länger in ein Altenghetto sperrt. Ihr habt uns zu einem Haufen zusammengedrängt und verplant. Aber wir sind keine Ware, deren Verfallsdatum abgelaufen ist und die man nun wegwirft. Wir verlangen keine Privilegien, wir wollen nur, daß ihr aufhört, uns als soziale Last zu betrachten, als Menschen zweiter Klasse. Mit einem Dach über dem Kopf und drei, vier Mahlzeiten am Tag ist es nicht getan. Wir wollen nicht ständig als Alte präsentiert werden, bis wir schließlich selber daran glauben, alt und verbraucht zu sein. Wir wollen das Alten-Blabla nicht mehr hören, die Alten-Melodien und die Vergötterung der Jugend, die ihr ja im Grunde auch nicht besser behandelt. (...)

Ihr isoliert uns, verdammt uns zur Untätigkeit, bis unsere Wißbegierde erlischt, die Interessen verkümmern, unsere Beine kraftlos werden. So habt ihr schließlich recht, wenn ihr sagt: Denen ist alles egal! Ja, wenn die Weichen so gestellt sind, dann ist es klar, daß sich der Tod in uns einnistet. Aber das müßte nicht sein."
(Aus: Strecker: Die Altenrepublik)

Von alten Menschen etwas zu verlangen, was sie ohne weiteres selber können (könnten!) stößt bei den meisten professionellen Helfern auf erheblichen Widerstand. Er/sie kann doch nicht (mehr), da müssen wir helfen, uns zuwenden, unterstützen ... Schließlich sind wir dafür da und angestellt.

Das Helfersyndrom wurde in solchen Zusammenhängen schon oft bemüht, selten aber wurde auf die Wirkung für die Betroffenen hingewiesen: die „erlernte Hilflosigkeit". Die sanfte Welle rollt und verschlingt ihr Klientel. Bin ich *hilflos*, habe ich *Kontakt; kann* ich alleine, *bin* ich alleine!

Zeitlebens braucht der Mensch die Gewißheit, selber

Einfluß nehmen zu können. Bei alten Menschen muß diese Sicherheit oft erst wieder hergestellt werden: „Du kannst! Tu es!"

Ob die elf alten Damen in Göttingen dieser Ermutigung bedurften, ist mir nicht bekannt. Sie bekamen jedoch Hilfe zur Selbsthilfe – oder besser: Hilfe, in Gemeinschaft Gleichaltriger und Gleichgesinnter leben zu können.

Im Januar 1994 ziehen elf Frauen zwischen 66 und 85 Jahren in eine der ersten selbstorganisierten Altenwohngemeinschaften im Bundesgebiet. Es ist ein sogenanntes Modellprojekt (was auch immer dieses Kunstwort bedeuten mag) – und deswegen gibt es von allen Seiten zum Start Geld.

Das Haus ist eine extra für diesen Zweck umgebaute und sanierte Jugendstilvilla mit großem Garten und viel Platz, ruhig gelegen, aber fußweit vom Stadtzentrum entfernt. Den Umbau haben die alten Damen seinerzeit selber mitgeplant und mitbestimmt. Daraus sind elf eigenständige Wohnungen mit je zwei kleinen Zimmern, Kochnische, Flur und Duschbad geworden – und viele große und attraktive Gemeinschaftsräume: Bibliothek, Wohnküche, Mehrzwecksaal, Gästeapartments ... ggf. auch für pflegende Angehörige. Eine „Leitung" gibt es nicht – warum auch? Auch keine „Versorgung", keine „Betreuung", keine formalisierte Hausordnung. Dafür gibt es Vollversammlungen und Aufgabenverteilung.

Für diese Generation – WG-unerfahren – dürfte das ein großes Experiment gewesen sein! Aber es scheint geglückt: Bislang ist keine der elf Frauen ausgezogen – es sei denn durch Tod. Dafür kamen Neue und gliederten sich ein. Keine Frau heuchelt Friede-Freude-Eierkuchen. Es gibt Konflikte (wo nicht?) und es gibt Lösungen.

Zum fünften Geburtstag gab es einigen Medienrummel (zuvor auch immer wieder!). Wieso – so fragt man sich etwas naiv – ist so eine Gemeinsamkeit so bemerkenswert? Klar wird es einem erst dann, wenn man weiß, wieviele gute Ideen, Ansätze und Versuche es schon gegeben hat, die alle (fast!) von außen (!) attackiert, bekämpft und zum Einsturz gebracht wurden. Da wurde das Heimgesetz bemüht, weil die Badewanne nicht frei im Raum stand; da wurde zur Kriminalisierung gegriffen, weil sich angeblich Initiatoren an den Alten bereichern wollten (diese das jedoch genau durchrechneten und verneinten!), da wurde gemobbt und gehetzt, der Selbsthilfe-Begriff umdefiniert ... und hinter allem stand und steht nichts anderes als die unausgesprochene Vorstellung, daß alte Menschen nicht mehr wissen, was sie tun. (Natürlich stand und steht dahinter auch die Angst der bisherigen Altenheimbetreiber, daß die Nachfrage und damit die Einnahmen sinken könnten – als ob nicht auch in Zukunft alte Menschen „nachwachsen" ... und als ob nicht auch an neuen Strukturen mitgearbeitet werden könnte!!).

Es wäre lohnenswert, darüber nachzudenken, ab welchem Alter Menschen nicht mehr in der Lage sind/sein dürfen, über sich selbst (und ihre Wohnformen) entscheiden zu können.

In Göttingen jedenfalls haben die Frauen nicht erst gefragt, ob sie noch *dürfen* und *können* – sie haben *gewollt, getan* und es *geschafft!*

Im Laufe meiner Recherchen zum aktuellen Stand der Alten-WG stieß ich auf eine junge Journalistin, die zum Geburtstag einen Hörfunkbeitrag erarbeitet hatte. Natürlich kamen wir ins Klönen, als ich sie um ein paar Informationen bat – und ich erzählte ihr von meinen „alten Weibern“.

Und wieder funktionierte das „Schneeballsystem“: Natürlich kannte sie nicht nur eine Frau, die in meine Arbeit passen würde, sondern konnte gleich noch Material beisteuern: zwei Bücher! Nicht, daß es keine Bücher über sehr Alte gäbe – aber in diesem Falle sind es Bücher *von* sehr Alten! Band 1: „Sei wie das Veilchen im Moose ...“, Band 2: „... Und nicht wie die stolze Rose ...“

Das müsse irgendwie ein Poesie-Album-Spruch sein, merkte sie an – und ich sagte ihn ihr per Ferngespräch auf, hatte er doch einst auch in meinem Poesiealbum gestanden!

Das „Veilchen“-Buch entstand 1992, als die Großmutter der Journalistin gerade 91 Jahre alt war. Es war die Gemeinschaftsarbeit von sieben Frauen, die im Rahmen einer „Geschichtswerkstatt“ über „Frauen und Mädchen im Landkreis Oldenburg von 1900 bis 1950“ entstand. Der zuständigen Frauenbeauftragten ging es bei der „Erinnerungsarbeit“ um das alltägliche Leben von Frauen im ländlichen Raum, das kaum je beachtet wird. Nicht die große Geschichte war gefragt, sondern das tatsächlich Tun, das Miteinander, die Träume ...

Zu den thematischen Schwerpunkten gehörten die Bereiche Kindheit und Schulzeit, Kinderarbeit, Kinderspiele, Konfirmation, Menstruation, erste Liebe.

Es wurde erzählt und aufgeschrieben, es wurden Photos zusammengetragen, Karten, Dokumente und Zeugnisse (damals gab es noch die Zensur „recht gut"!). Dazu kamen alte Rezepte: Kürbisbrot oder auch Pinkel. Das schönste Rezept fand ich das überzeugendste dank seiner Kürze: Sauerkohl: 100 Pfund Weißkohl, 1 Pfund Salz ...

Schön auch die uralten Sitten: Eltern mit einem neuen Baby bekamen aus der Nachbarschaft einen „Kylmerstuten" – eine Art Rosinenbrot mit vielen weiteren leckeren Zutaten. Er hatte 1 Meter 50 lang zu sein, trug den Namen des Kindes, lag auf einem speziellen Brett, das groß genug war, um noch Geschenke für das Kind aufnehmen zu können. Auch die Hochzeitsbräuche lassen uns heute staunen: Reichere Bräute hatten neben der umfänglichen Aussteuer auch noch einen Kutschenwagen mit in die Ehe zu bringen!

Und besonders schön: das monatliche (!) Nasen(!)bluten des Vaters (!) – gelegentlich zu entdecken im Nachtpott unterm Ehebett!

Drei Jahre später dann – die o. g. Großmutter war indes 94 Jahre alt und die älteste Teilnehmerin der Gruppe sogar 95, gab es nach dem großen Erfolg des „Veilchen"-Buches ein weiteres: „... und nicht wie die stolze Rose". Diesmal konnten nur noch sechs Frauen mitarbeiten: eine war zwischenzeitlich an den Folgen eines brutalen Überfalls gestorben. Die beiden Ältesten (Jahrgang 1900 und 1901) schrieben über die „Zwischen-Zeiten", über die 20er und 30er Jahre. Im Mittelpunkt standen Verlobung, Hochzeit, die ersten Ehejahre und die Kinder.

Frau Schütte, die älteste Teilnehmerin, verlobte sich mit 21 Jahren, 3 Wochen nach dem Kennenlernen des Zukünftigen. Die Ehe war dauerhaft, und beide hatten zusammen sechs Kinder. Alle 3 Wochen (!) war „große Wäsche" (diese Berge bei acht Personen!!!), technische Hilfsmittel gab es lange nicht – außer einem elektrischen Bettwärmer, auf dem OMA stand („jeder wollte die OMA mit ins Bett haben")! Erst 1956 gab es ein Bad mit Toilette.

Die karge Freizeit wurde gefüllt mit Besuchen hin und her quer durch die große Verwandtschaft und mit Handarbeiten: Strümpfe stopfen!!!

Auch Frau Pauels fackelte nicht lange bei ihrer Zukunftsplanung: Mit 18 Jahren verlobte sie sich heimlich. „Die Liebe kam erst später" – aber sie hat es nie bereut. Und die Hochzeitsnacht? „Ganz unbekannt war es mir nicht."

Gelebte Geschichte, erzählte Geschichte – so etwas gibt kein Schulbuch wieder, denke ich – wie gut, daß alte Frauen von früher erzählen und daß jüngere es aufzeichnen und publizieren!

Wie wird man alt?

Ein Journalist fragt eine hundertjährige Frau an ihrem Geburtstag, wie man hundert wird! „Muaß bloß aufpasse, daß du net stirbsch."

Die Menschen werden immer älter – jedenfalls diejenigen, die in Ländern mit einer zuverlässigen Gesundheitspolitik, mit einem flächendeckenden Mediziner-Angebot und einer hinreichenden Ernährung leben. Die sogenannte durchschnittliche Lebenserwartung eines heute in Europa Neugeborenen beträgt – ist es männlichen Geschlechts 73,7 Jahre, ist es ein Mädchen, dann 80,1 Jahre. Tendenz: steigend für beide Geschlechter.

1995 wurden in Deutschland von 1000 Einwohnern 39 achtzig Jahre und älter. Das Statistische Bundesamt nennt sie „Hochaltrige". (Früher sagte man schlicht „Greise"!) Das waren 1995 rund 3,2 Millionen. Falls es keine wesentlichen Einbrüche in der Bevölkerungsstruktur und ihrer (linearen) Entwicklung gibt, werden es im Jahre 2040 vierundsiebzig von 1000 Einwohnern sein, die „hochaltrig" sind. Das macht dann knapp 6 Millionen aus. (Möglicherweise erlebe ich als 97jährige dieses Datum noch und kann die Richtigkeit der oben genannten Prognose bestätigen!).

In Deutschland gab es 1997 mehrere tausend Menschen, die 100 Jahre alt und älter sind. Diese bekommen vom Bundespräsidenten zum 100. Geburtstag jeweils einen Glückwunsch! Sollte er sich persönlich mit einem Blumenstrauß zu den Hausbesuchen bemühen, könnten diese Jubilare ihm noch locker etwas über ihre Erfahrungen mit dem letzten Kaiser erzählen!

Während sich die Geriater und Gerontologen (erstere befassen sich mit dem kranken alten Menschen, zweitere mit dem Altwerden als solchem) jahrzehntelang in ihren Forschungen und Publikationen mit Alterskrankheiten, Ausfällen, Unterbringungen ... beschäftigten, wenden sie sich jetzt mehr und mehr der Frage zu, woran es liegt, daß Menschen bei (relativ!) guter Gesundheit so alt werden: „Wir haben bisher einen Fehler gemacht: Wir haben uns immer nur mit den alten Menschen beschäftigt, die krank in den Kliniken lagen; um diejenigen, die Sport treiben, reisen und etwas mit ihren Enkeln unternehmen, haben wir uns nie gekümmert" (Thomas Perls, Geriater an der Havard Medicine School in Boston).

Natürlich – wie immer in der Forschung – sind sich die Experten uneinig. Möglicherweise sind wir klüger, wenn das Genom (die Summe aller Gene des Menschen) komplett entschlüsselt sein wird. Die herkömmliche Genforschung geht davon aus, daß jeder Mensch ohne weiteres 120 Jahre alt werden könnte (das dürfte ein Alptraum für jeden Rentenpolitiker sein!). Ist das Sterben mit 50, 72, 88, 94 ... Jahren dann etwa auf einen Gendefekt zurückzuführen? Mit der Alternsforschung und der Diskussion um besonders langes Leben bis hin zur Unsterblichkeit wird in den letzten Jahren viel Aufwand getrieben – so, als ob es wirklich Menschen gäbe, die alt und älter und unsterblich sein wollten. Das Geheimnis des ewigen – oder wenigstens sehr langen – Lebens soll aufgedeckt werden. Dafür muß die Bierhefepilzforschung ebenso herhalten wie die Fruchtfliegen-, Energiemengen- und Plattwurmforschung. Im wesentlichen streiten die Anhänger der Programmtheorie mit denen der Verschleißtheorie um die Wahrheit. Erstere machen die tickende und unbarmherzig ablaufende Uhr des Erbgutes für den Tod verantwortlich, zweitere die allmähliche Zersetzung als Grund für den Niedergang: Abfallprodukte der biochemischen Reaktionen zerstören Zellen und Erbsubstanz – die Organismen richten sich durch ihre eigenen Stoffwechselprodukte allmählich selbst zugrunde. (*Spiegel,* 4/98, S. 157) Genüßlich werden darüber hinaus die Gehirne (verstorbener!) 100jähriger seziert, um nachzusehen, welche Geheimnisse sie bergen. (Der Schlag soll den schnippelnden Pathologen auf der Stelle treffen, der einst die Säge an mein Haupt zu setzen wagt!)

Ich würde für eine Alternsforschung die Alten selber fragen, worauf sie ihr langes Leben und ihren oft relativ guten Gesundheitszustand zurückführen. Wenn ich Angaben aus der Literatur aufliste und ihnen Daten aus Zeitungsinterviews hochbetagter Jubilare hinzufüge, ergeben sich erstaunlicherweise eine ganze Reihe von gar nicht so spektakulären Gemeinsamkeiten:

Trinken: mäßig, aber regelmäßig. Der eine (!) Schnaps nach dem Mittagessen, das Glas Rotwein am Abend, etwas mehr auch mal beim Feiern ... aber über die Stränge wird nicht geschlagen.

Essen: Alles was schmeckt. Diätassistenten und Ernährungsberater hatten wenig Chancen, von Menschen angehört zu werden, die ein langes Leben haben. Vielesser haben aber geringere Chancen 100 Jahre alt zu werden. Die Mäuse(!)forschung lehrt es: Je mehr das Lebewesen ißt, um so eher stirbt es!

Rauchen: So gut wie nie wird anhaltend geraucht. (Unter den 100jährigen einer amerikanischen Studie gab es keinen einzigen!) Manche von den Untersuchten hatten sehr früh aufgehört und nie wieder angefangen, auch nicht „ein kleines bißchen".

Emotionen: Das Zauberwort heißt „Gelassenheit": „Nur nicht aus der Ruhe bringen lassen." Choleriker haben wenig Chancen, über 100 Jahre alt zu werden!

Aktivität: Unter den Alten gibt es keine Dauer-Trägen-Faulenzer-Herumhänger.

Zusammenfassend scheint für alle Lebensbereiche zu gelten:

„Mäßig aber regelmäßig"

Diese Gemeinsamkeiten haben etwas sehr Pragmatisches und Ermutigendes (wenn man sie früh genug kennt und für sein eigenes Leben berücksichtigt! Mit

96 Jahren aufzuhören zu rauchen, um 104 zu werden, ist vermutlich nicht möglich!) Seine Gene kann man nicht beeinflussen – sehr wohl aber seine Verhaltensweisen, seine Lebensführung und – zumindest mit Mühewaltung, einer Portion Eigenliebe und Sorgfalt – seine Lebenseinstellung.

Liest man über 90- oder 100jährige in der Kommunalpresse (über 80 Jahre wird schon nur noch berichtet, wenn sie etwas ganz Besonderes zu bieten haben), dann erfährt man in der Regel auch, daß die Alten „noch täglich die XY-Zeitung" lesen. (Natürlich die, in der darüber berichtet wird.) Vielleicht überleben sie aber nicht *wegen* der Zeitung sondern *trotzdem*? Oder möglicherweise sind sie durch 50 Jahre täglich XY einfach gegen weitere Widerwärtigkeiten, Anfechtungen und jeglichen Unbill gefeit?

Dort, wo sich Autoren mit einzelnen alten Menschen befaßten und sie zu ihrem vergangenen oder gegenwärtigen Leben befragten, zeigten sich weitere Gemeinsamkeiten, die sich bei meinen „tollen alten Weibern" deutlich bestätigten.

„Meine" alten Frauen wurden zwischen 1905 und 1918 geboren – in einer Zeitspanne, die 13 Jahre umfaßt. *Die* Gemeinsamkeit am Ausgangspunkt ihres Lebens war der 1. Weltkrieg, von dem – über die Väter – kaum eine von ihnen nicht beeinträchtigt worden war: Väter im Krieg und deshalb über Jahre abwesend, Vater noch vor der Geburt der Tochter gefallen, Vater beschädigt und krank aus dem Krieg heimgekehrt ...

Not, Armut, Hunger, Umsiedlung ... Parallelen zu meiner Generation, die um oder im 2. Weltkrieg zur Welt kam. Dieser allerdings kam für „meine" Alten dann noch hinzu: mangelnde Bildungschancen, mehr oder weniger freiwilliges Verlassen der Heimatorte, Unsicherheit, Angst, Ausbombung, Hunger, Menschenverluste ... Zu dieser Zeit waren sie ca. 20 bis 30 Jahre alt – ein Alter, in dem in normalen Zeiten Ausbildungsabschlüsse erbracht und Ehen geschlossen werden. Die Jüngeren gerieten dabei ins Hintertreffen: Bildung war aus unterschiedlichen Gründen nur bedingt zu haben, und die heiratsfähigen Männer waren „im Feld", in Gefangenschaft, „Krüppel" ... oder tot.

Von diesen „Gemeinsamkeiten" blieb keine „meiner" alten Frauen verschont. Manchmal hatte ich das Gefühl, daß sie so alt und so aktiv und noch so relativ gesund waren, weil sie durch zwei besonders harte Epochen in zwei wesentlichen Lebensphasen „gestählt" wurden: Eigentlich konnte sie kaum noch etwas erschüttern, und sie hatten gelernt, daß nur Eigeninitiative, Durchbeißen, Sozialverhalten ... ein hinlängliches Überleben gewährleistete.

Sowohl Alternsforscher als auch die Betreffenden selber und ihre Angehörigen sind sich darüber einig, daß Altwerden in (relativer) Gesundheit und Stabilität zusammenhängt mit einem *aktiven* Leben (ab den 40er Jahren!): Unternehmungen, Planungen, Tageseinteilungen, eine gewisse Selbstdisziplin (Uhrzeiten, Regelmäßigkeit, Zuverlässigkeit ...), soziale Kontakte „und das Bewußtsein des eigenen Daseins als Mensch" spielen eine bedeutende Rolle. „Im Alter aktive Menschen haben eine wesentlich positivere Lebenseinstellung und höhere Lebensqualität als Männer und Frauen, die nichts unternehmen – wobei körperliches Wohlbefinden und eine positive Lebenseinstellung das Aktivsein erleichtern." (Frauen Europas 45/98, S. 9).

Wichtig ist, die Wechselwirkung, die Spiralwirkung zu beachten: Aktivität und soziale Kontakte fördern das physische und psychische Wohlbefinden, und dieses Wohlbefinden wiederum fördert Aktivität und Unternehmungslust. Der Mensch ist eben eine psycho-somatisch-soziale Einheit – auch im hohen Alter!

„Ich habe noch gar nicht darüber nachgedacht, wie es mal sein wird, wenn ich alt bin."

(Ilse Loesch, 90 Jahre alt)

„Der Tanz ist eine Kunst, in der Körper, Gefühl und Verstand einander bewegen, fordern und schöpferisch machen." (I. L.)

Von meinem zweitägigen Besuch bei Ilse Loesch in Berlin-Ost habe ich mir eines ihrer Bücher mitgebracht: „Mit Leib und Seele. Erlebte Vergangenheit des Ausdruckstanzes". Es ist 1990 in der Gerade-Noch-DDR erschienen: „Erinnerungen einer leidenschaftlichen Tänzerin an ihr berufliches Leben im Bereich des Modernen Tanzes" – „wenngleich ich in nunmehr fast 60 Jahren vor allem als Tanzpädagogin, Choreographin und Verfasserin von Fachliteratur tätig war." (S. 7)

1990 – da war Ilse Loesch gerade 81 Jahre alt – legt sie ein 400seitiges Buch vor, das Autobiographie ist, das die Biographien vieler ihrer Lehrer und Lehrerinnen, ihrer Kollegen und Kolleginnen streift (Gret Palucca, Harald Kreutzberg, Mary Wigman, Dora Hoyer, Rudolf von Laban und viele andere), das Tanz- und Kulturgeschichte schreibt, das Nachschlagewerk und Dokumentensammlung ist – und das darüber hinaus so spannend und faszinierend geschrieben ist, daß ich als Bewegungs-Laiin und Uneingeweihte am Zauber einer Ära teilnehmen kann.

Ilse Loesch – eine der Großen des (ost-)deutschen Ausdruckstanzes!! Hätte ich das eher gewußt, hätte ich mich vorbereitet, mich klug gelesen – und hätte voller Ehrfurcht die Reise nach Berlin-Ost angetreten.

Ilse Loesch war mir von einer Bekannten angekündigt und empfohlen worden als eine lebendige, alte Dame, die in Berlin einer „Interessengemeinschaft zur Förderung der kindlichen Kultur" oder ähnliches angehören soll und dort einmal monatlich mitarbeite. Ihr Thema sei Körpersprache und Gesundheit. Mehr erfuhr ich nicht! Aber auch das fand ich schon erstaunlich – zumal ihre Arbeit irgendwie (??) von der Berliner Senatsverwaltung Beachtung finden solle ...

Und nun stehe ich einer „großen" Frau gegenüber – wenngleich nur knapp ein Meter sechzig hoch.

Der Kontakt war schnell zustande gekommen. Meine Anfrage nach Interview und Mitarbeit wird postwendend beantwortet:

„Ja, natürlich, ich bin sehr gerne bereit, mich an Ihrem Vorhaben zu beteiligen, soweit es Ihnen wissenswert erscheint. Sie werden sogar dazu einen Besuch in Berlin nutzen? Wäre mir sehr lieb. Dann könnte ich Ihnen zum Beispiel Videoaufzeichnungen von meiner Spielweise mit Kindern zeigen. Das Berliner Landesschulamt hatte sich nach meiner Beteiligung an dem diesjährigen Bundeskongreß ‚Kindergesundheit und Risikogesellschaft' dafür interessiert und mir dafür, zur Weitergabe an Lehrer, eine erste Klasse einer Grundschule angeboten. Ich freute mich sehr, und ich bin dann auch nach dem Filmen regelmäßig zu den Kindern gegangen. Unterdessen gehört nun die Klassenlehrerin auch zu einer Gruppe von Bewegungs- und Musikpädagogen, die an meiner ‚Spielweise' mit Kindern (Thema: ‚Kreatives Spielen mit Bewegung – Klang – Sprache') interessiert sind. Ansonsten stehe ich in zweierlei Weise in Verbindung mit einer großen Reggio Kindertagesstätte in Berlin-Marzahn:

1. ‚Mitveranstaltungen unserer „Interessengemeinschaft zur Förderung von Kultur im Kinderleben e. V.', deren Mitbegründerin und seit vielen Jahren Vorsitzende ich bin und
2. gebe ich dort einer kleinen Gruppe von Drei- bis Fünfjährigen wöchentlich eine ‚Spielstunde' in dem oben genannten Sinn.

Ja, natürlich ich bin sehr gern bereit.

Geboren bin ich im April 1909, also alt genug für Ihre so sinnvolle Thematik? Ich könnte Ihnen auch schon mal meinen Lebenslauf schicken. Vielleicht befindet sich auch eines meiner Bücher in der Bibliothek Ihrer Universität … Mit all dem als reichen Schatz kann man natürlich – wenn es der körperliche Zustand einigermaßen zuläßt – ja noch allerhand schaffen. Ein Segen!

Ein Motto für meine Arbeit sollte/könnte wohl weitgehend zu den Antriebsquellen gehören: „Ich mach was draus" bzw. „Mach was draus!". Bei mir allein schon aus einer (körperlichen) Haltung oder Bewegung, aus einem Geräusch, einem Klang, einer Melodie … einem Band, einer Plastikflasche, die beim Draufklopfen klingt …

einem erwünschten Zuhören, einer hilfreichen Nachfrage und, und, und. Was davon kann man nicht schon bei Kindern zum Erlebnis machen?! Ihr Selbstgefühl und -bewußtsein entfalten, eben auch als Weg zu anderen, oder besser: als innere Sicherheit beim Weiterschauen und Brückenbauen, wozu beim Arbeiten auch einige ‚Materialien' von großem Wert sind, sein können ..."

„Ich freue mich sehr auf Ihren Besuch" hat sie hinzugefügt, und als ich mich dann anmeldete, kam ebenso postwendend wie beim ersten Mal ein sehr ausführlicher Lebenslauf und eine Lageskizze „um Ihnen dabei behilflich zu sein, den Weg zum Eingang des Hauses zu finden. Schreiben kann ich unter dem elektronischen Vergrößerungsgerät, aber nicht zeichnen ..." Dennoch finde ich ihre Wohnung gut: endlos langer DDR-„Plattenbau", acht Stockwerke hoch, unzählige Eingänge und gerade voll eingerüstet wie manch andere gleichartigen Plattenbauten in diesem Viertel auch.

Sie kommt mir per Fahrstuhl die sieben Stockwerke entgegen: Etwas gebeugt, aber frisch, zugewandt, so persönlich, als ob wir uns seit Jahren kennten. Ihr Arbeitszimmer, in das sie mich führt, ist angefüllt mit ihrer beruflichen Vergangenheit: wunderschöne Schwarzweiß-Fotos von tanzenden Menschen: Solo, zu zweit, in Gruppen ... bekannte und mir unbekannte Namen. An der Wand ein langes Regal mit Büchern – schon etwas ausgelichtet: ihre Fachbücherei, streng geordnet. „Diese Bücher gehen alle ins Tanzarchiv nach Leipzig." Es dauert einige Zeit, bis mir die Bedeutung dieser so natürlichen, unprätentiösen, herzlichen Frau aufgeht. Gerade schreibt eine junge Frau ihre Doktorarbeit über Ilse Loeschs Lehrer Rudolf von Laban, und eine andere ihre Magisterarbeit über Ilse Loesch ... und außerdem sollten wir uns doch bitte duzen!

Beim Kaffeetrinken kommt sie sofort zur Sache: Einmal pro Woche arbeitet sie in einer Grundschule mit Kindern („im Kindergarten machen wir jetzt erstmal ein Semester Pause. Dort gab es einen Personalwechsel und ... na ja, das muß sich erst mal wieder finden"). Was genau sie macht, demonstriert sie anschaulich. Es ist das, was man heute in der Pädagogik „Körperarbeit", „Sensibilitätstraining" und „Kreativitätstraining" nennt.

Ihre „Instrumente" sind vor allem ihre Hände und ihre Stimme – und – wie schon angekündigt – allerlei „Material". „Aus allem etwas machen" hatte sie geschrieben, und ich denke an die Versorgungslücken in der DDR, die wirklich nichts Überflüssiges für Spielereien aller Art übriggelassen haben dürften. Sie läßt Wind und Sturm brausen – mit einem gewellten Zwischenpapierchen aus einer Konfektschachtel. Ganz feine und leise Töne erzeugt sie durch verschiedenes Streichen mit den Fingern („da muß man aber aufpassen, das können kleine Kinderhände noch nicht so gut, das ist für die etwas älteren"). Zwei leere Plastikbehälter in Joghurtbechergröße ergeben durch unterschiedliches Beklopfen, Bestreichen, Aneinanderschlagen ... ein ganzes „Orchester". Sie begleitet die zum Teil sehr schnellen Rhythmen mit Lauten, Tönen, mit Grollen, Schnalzen, Zischeln ... mit allem, was mit einiger Fertigkeit Lippen und Zunge herzugeben in der Lage sind. Jeder Stock, jeder Gegenstand wird in ihren Händen zum Rhythmusinstrument. Und wenn sie „nichts zur Hand" hat, benutzt sie Finger, Hände, Arme, Knie ... den ganzen Körper, um Rhythmen hörbar zu machen. Das alles geschieht im Sitzen, sie führt es mir vor und sie fordert mich auf, sogleich mitzumachen. Eigentlich hätte es dieser Aufforderung nicht bedurft. Sie hat in ihrer ganzen Art etwas so Mitreißendes, und außerdem möchte ich selber einmal ausprobieren, wie bestimmte Töne und bestimmte Rhythmen mit dem und am eigenen Körper funktionieren. So sitzen wir uns also gegenüber und spielen mit Händen, Füßen, Knien, Beinen ... Die entsprechende Laut-Erzeugung gelingt mir nicht so recht, außerdem bin ich dazu auch reichlich gehemmt. Wenn uns jemand so sehen würde ...!

Wie wird man so? Welches Leben hat Ilse Loesch gelebt, und was hat sie geprägt?

Sie hat mir einen langen, differenzierten Lebenslauf geschrieben, aus dem ich die (mir) wesentlichen Aussagen zitiere, ergänzt durch Passagen aus ihrem autobiographischen Buch.

Geboren wurde Ilse Loesch 1909 in Schlesien. Ihr Vater, ein Ingenieur, übernahm die Leitung der Glockengießerei seines Vaters in Oppeln und später auch die Leitung der Fabrik seines Schwiegervaters in Breslau. „Als wir größer waren, sind wir öfter zusammen nach Oppeln gefahren und durften in der Gießerei zuschauen. Als in der Schule Schillers „Glocke" dran kam, waren wir natürlich, mit Zeichnungen und Erklärungen durch unseren Vater unterstützt, „Fachleute".

Prägend für die musikalische und rhythmische Erziehung von Ilse scheint eine Patentante gewesen zu sein. Sie war Pianistin. „Bei Tante Ella erst habe ich ‚innerlich mitsingen' gelernt, so daß ich die zu spielende Literatur nicht *ab*spielen, sondern *musizieren* konnte ... Aber der Unterricht war noch nicht alles, was sie mir/uns Zuhörern gab: das war ihr Sprechen. Sie liebte Chopin, Brahms, Beethoven und sicher noch andere Komponisten. „Von früher Kindheit an habe ich mich zu Musik gern und mit aller tänzerischen Hingabe für mich alleine bewegt. Gymnastikunterricht, den meine Mutter, meine Schwester und ich eine Zeitlang zusammen besuchten, hat mir weniger Spaß gemacht. Am schönsten war es eben, wenn Tante Ella spielte, und zwar solche Werke, die ich mit der Zeit dann schon mitatmend und innerlich mitsingend mit meiner Bewegung ausdrücken konnte. Ob es dem Sinn der Kompositionen in irgendeiner Weise entsprochen hat, weiß ich nicht, und niemand hat es gesehen. Mir selbst war die Frage danach gar nicht gekommen ...

Obwohl unser Vater sehr viel zu tun und zu verantworten hatte in seinem Beruf, haben uns unsere Eltern alles geschaffen und ermöglicht durch Muße, Zärtlichkeit und Verständnis, was Kinder und auch gerade Großstadtkinder zur Entfaltung und Bestätigung ihrer Fähigkeiten und Kräfte brauchen. So hatten wir für einige Jahre ein sehr geräumiges Kinderzimmer, gleich hinter der großen Glasveranda. Zum Spielen hatte jede ihre Puppen, ... auch eine schöne Puppenstube hatten wir und einen weißen Puppenkleiderschrank. Neben Kinder- und Bilderbüchern hatten wir auch eine Laterna magica, eine Art Bilderwerfer, außerdem Anker-Steinbaukästen … und für draußen Kreisel und Reifen und Bälle. Dazu kam gemeinsames Spiel mit den Eltern am Abend. In einer der breit eingelassenen großen Türen konnte man bei geöffnetem Flügel zum Turnen einen handgerechten glatten Querbalken auf verschiedener Höhe einlegen, oder man konnte oben eine Schaukel einhängen. Außerdem war das auch gleichzeitig unsere Bühne zum Theaterspielen …

Meine Schwester und ich hatten das große Glück, zunächst in einem Froebel-Kindergarten und dann von der 5. bis zur 10. Klasse in eine Privatreformschule gehen zu dürfen. In jeder Klasse waren höchstens 10 Kinder. Die einzelnen Stunden dauerten, glaube ich, nur 30 Minuten … Mein Lieblingsfach war Musik, verbunden mit der Teilnahme am Extrachor … In dem Fach Deutsch haben mich Gedichte so begeistern können, daß wir sie nicht nur zu Hause in verschiedener Form gesprochen und gespielt haben, sondern daß ich sie in beachtlicher Länge auch heute noch in- und auswendig kann."

Nach Beendigung der Schulzeit stand für Ilse Loesch die Frage der Berufsausbildung an … „Also Pensionat! Meine Eltern begleiteten mich nach Goslar. Die Vorsteherin war Frau H. eine dicke, schwarz gekleidete Dame, die uns dreien nicht gefiel. ‚Willst du hier blieben oder mit zurückkommen?' Ach, ich hatte einfach Lust, es mal zu probieren und blieb. Was mir dann Freude machte, war zum Beispiel, daß ich der Lehrerin, die mit uns Gymnastik machte, durch eine bestimmte Massage helfen konnte; daß ich in der Mittags-Ausruhstunde zum 50. Geburtstag meines Vaters für seinen runden Ausziehtisch eine riesengroße Decke filieren konnte, daß ich denen, die keine Lust dazu hatten, den Tischdienst abnehmen konnte, wenn für das Abendbrot alles ausgesucht dekorativ hergerichtet werden mußte. Kochen lernten wir zuerst für *alle*, d. h. für 60 Personen."

„1926 war das Jahr dort herum. Ich wollte gerne Tänzerin werden. Unsere Eltern, die mir ganz sicher jeden Wunsch mit Freude und allen dazu nötigen Voraussetzungen erfüllt haben, waren nicht dafür. Vielleicht war es die Berufsart, vielleicht bedachten sie die Perspektiven, oder vielleicht waren sie sich nicht sicher, ob ich das körperlich leisten könnte. Ich war nicht sehr kräftig, beim Schwimmen bekam ich ganz bald blaue Lippen, auf dem Eis kippelten meine etwas schwachen Fußgelenke und so weiter. Ich hatte auch Lust auf den Beruf der Gärtnerin. Also fuhren wir zusammen zu einer entsprechenden Ausbildungsschule."

„Aber auch für diesen Beruf galt ich als zu schwach. Ich wäre auch gern Kindergärtnerin geworden, falls aus meinem tänzerischen Beruf nichts geworden wäre.

Aber es gab in Breslau eine Schule, die zum „Bund für angewandte und freie Gymnastik" gehörte. Die zweijährige Ausbildung war dort in drei Abschnitte aufgeteilt.

Man mußte sich eingliedern in die Spezialgebiete: Hygienische Gymnastik, Rhythmische Gymnastik oder Tänzerische Gymnastik." Ihre Lehrer waren Toni Homagk, die die Methodik von Bess Mensendieck lehrte. Außerdem erhielt sie Unterricht von Carl Orff und später dann von von Laban in Würzburg. „Zu meiner großen Freude konnte ich mich dann für den tänzerischen Weg entscheiden. In Würzburg war es nicht mehr ‚Gymnastik'. Ich weiß noch, wie mein Vater, der mit mir dort hinfuhr, Herrn von Laban und seinem Team bedeutete, daß ich nicht zur Tänzerin, sondern zur Pädagogik ausgebildet werden solle ... Wenn ich diese Entscheidung meiner Eltern nach meinem Wunsch noch einmal überdenke, meine ich doch immer wieder, es war für mich und in dieser Zeit mit ihren vielen Ausbildungsangeboten auf dem Gebiet der Körperbildung und des Tanzes das Allerbeste! Über 65 Jahre meines Lebens hat sie sich bewährt, bis jetzt schon und immer wieder von neuem, was auch alles hinzugekommen sein mag an Varianten."

Nach der Ausbildung – Ilse Loesch war gerade 19 Jahre alt – bekam sie ein Angebot, in Lettland zu unterrichten, eine Tanzgruppe aufzubauen und eine eigene Choreographie zu entwickeln. Obwohl ihre Eltern sehr skeptisch waren – die Tochter würde sehr weit entfernt sein, und die Eltern hätten im Notfall nicht sofort helfen können – nahm sie diese Stellung an.

„Wie es meine Vorgängerin getan hatte, erteilte ich Unterricht in tänzerischer Gymnastik, in Gruppen für Kinder, junge Mädchen und Frauen – zugleich aus allen drei Bevölkerungsgruppen: Letten, Juden und Deutsche. Von denen war zuvor gesagt worden, daß sie nicht gemeinsam unterrichtet werden wollten. Ich war beglückt darüber, nun selbständig die Fülle des Erlebten, Gelernten und Verstandenen in freier, schöpferischer Arbeit umsetzen zu können. Und jetzt konnte mich auch niemand und nichts mehr daran hindern, neben den pädagogischen auch künstlerische Ideen zu verwirklichen …

Zum laufenden Gruppenunterricht in tänzerischer Gymnastik kam eines Tages eine mir völlig ungewohnte Aufgabe hinzu: Ein Ehepaar hatte mich um Einzelstunden für ihre 32jährige geistig behinderte Tochter gebeten. Die Eltern erhofften sich Besserung durch Bewegungsunterricht. Das sprach mich natürlich sofort an, und ich sagte zu. Das kindliche Geschöpf war zwar von vornherein in aller Naivität bereit, meiner Bewegungsanleitung zu folgen, aber es gab verschiedene Schwierigkeiten zu überwinden. So konnte sie z. B. im Raum alleine nur auf geradem Weg von einer Wand zur anderen gehen, nicht aber sich in eine neue Richtung wenden, wenn sie dort angekommen war. Ein Kreisweg war ihr ganz unmöglich. Gleiches galt für das Halten des Gleichgewichts, etwa in langsamer Fortbewegung oder beim Stand auf einem Bein … Wie froh war ich, daß sie nach einigen Monaten dann ohne meine Hilfe im Kreis gehen und laufen, auf einem Bein stehend mit dem Spielbein im Rhythmus des Atmens große, ruhige Gesten ausführen konnte und vieles mehr.

Meine Schülerin war glücklich über alles, was gelang, und gewann soviel Selbstvertrauen, daß sie hoffte, nun auch noch Rechnen und Schreiben lernen zu können … Nach zweieinhalb Jahren gab ich meine Arbeit in Lettland auf, um Neues hinzuzulernen."

Es folgten dann in rascher Folge Bayreuth (als Nymphe in Wagners „Tannhäuser"), Kurse in Eukinetik, Laientanz, Bewegungschor u. a.

Anfang 1931 war Ilse Loesch nach Berlin gegangen, um sich weiterzubilden. Diesmal war es Unterricht in einer Ballettschule. Das dort gelehrte klassische Ballett für Kinder mißhagte ihr jedoch: „Ich sah, wie diese kleinen Mädchen vor Unterrichtsbeginn immer vor dem Spiegel tanzend nur die erlernten Formen ausführten. Keinem fiel es ein, spontan aus Freude an der Bewegung und einem freien Raum, ohne sich dabei zu bespiegeln, mit eigenen Einfällen zu spielen. War die Entfaltung der schöpferischen Phantasie unterbunden worden zugunsten exakter und vereinheitlichender Ausführung vorgeschriebener Übungen, in denen sich die Kinder gefielen?"

Die Zeit bis zum Herbst 1933 war für Ilse Loesch eine Etappe vieler neuer Eindrücke, Aktivitäten, Aufgaben.

Sie ging nach Halle/Saale zu Jenny Gertz – einer damals sehr bekannten „Labanesin". Sie beteiligte sich an deren Bewegungschören, zu denen Kinder, Jugendliche und Erwachsene gehörten, in der Hauptsache mit der Arbeiterbewegung verbundene Menschen. Das war für sie neu, und das kreative Tanzen in chorischer Gemeinsamkeit war für sie sehr anregend und überzeugend.

„Ein weiteres Ereignis war ein erster Tänzerkongreß und als drittes in diesen Jahren auch von Bedeutung künstlerischer Art: die Teilnahme an den ‚Tannhäuser'-Aufführungen als ‚Nymphe' im Bacchanal bei den Bayreuther Festspielen in der Choreographie von Rudolf von Laban. Dirigent war Arturo Toscanini. Neben der Freude an der Musik, der Choreographie und dem Tanzen hatte ich noch eine spezielle: Laban muß wohl meiner Musikalität besonders getraut haben, ließ er mich doch in Beziehung zu einer bestimmten Stelle der Ouvertüre als erste auf die Bühne laufen. Ein weiteres Vergnügen war es mir, bei den Proben das Dirigieren von Toscanini zu sehen und innerlich mitzumachen. Im Herbst 1932 rückte die Gefahr der Nazis uns immer näher. Nachdem unsere Bewegungschöre bei politischen Versammlungen aufgetreten und durch gezeigte politische Losungen auffällig geworden waren, wurden nicht nur die Auftritte verboten, sondern die Arbeit insgesamt, und Jenny Gertz und ich wurden verhaftet. Ich wurde nach sechs Wochen wieder entlassen, Jenny Gertz erst nach Monaten und wohl nur, weil sie schwer erkrankt war.

Da weitere Gefahren nicht ausgeschlossen waren, ‚verschwanden' wir im Herbst über die ‚grüne Grenze' nach Prag, wo wir zunächst sowohl als Emigranten wie auch wegen unserer bewegungschorischen Arbeit von bekannten Fachkolleginnen unterstützt und dann auch in linksgerichtete Veranstaltungen einbezogen wurden."

„In Prag war es mit der Zeit immer schwerer geworden, das nötige Geld für den Lebensunterhalt zu verdienen. Da schien sich mir eine Unterrichtsmöglichkeit in einem bulgarischen Urlaubsheim für tschechische und deutsche Schauspieler zu bieten. Das erwies sich dann zwar leider als eine Fehlmeldung, aber ich erfuhr dabei, daß es in Sofia keine Schule für Gymnastik und Tanz in unserer Art gab. Nach einiger Zeit gelang es mir, dort einen Kreis von Schülern zu finden und mit ihnen zu arbeiten ... 1939 habe ich von Sofia aus das erste Mal wieder einen Besuch in Deutschland gewagt, um meine

Eltern und meine Schwester wiederzusehen und außerdem mein fachliches Können an der Günther-Schule in München zu bereichern. Gerade als ich dort war, brach der Krieg aus, und so kehrte ich zu meiner Schule und zu meinen Freunden in Bulgarien zurück ... Ich wollte auch weiterhin dort leben und arbeiten, obwohl es großer Anstrengungen, mancher Kompromisse und Geschicklichkeit bedurfte, um allein die nötigen Räumlichkeiten und so weiter bezahlen zu können. Am liebsten erinnere ich mich an die Arbeit mit Kindern, die sehr vielseitig war. Mit dem Bemühen, Geld zu verdienen, hatte es angefangen. Ich sollte einzelnen Kindern helfen, in der deutschen Schule besser mitzukommen. Es waren sehr verzogene Bürschchen, denen das Lernen keinen Spaß machte. Aber da war ich in meinem Element: Im Vertrauen auf meine Erfahrungen im Kontakt mit Kindern, meine Liebe zu ihnen, mein reiches Repertoire passender Anregungen und die nötige Konsequenz kamen wir bald miteinander gut voran. Später, als es mir dann möglich war, eine Wohnung mit Platz zum Tanzen, Spielen, Umkleiden zu mieten, konnte ich neben Gymnastikkursen für Frauen auch größeren Gruppen von Kindern Unterricht geben. Es war ein vielseitiges, schöpferisches Spielen in den Bereichen der Körper- und Bewegungsbildung, ohne und mit Singen und einfachem Musizieren ..."

Als Ilse Loesch 1941 noch einmal nach Deutschland zurückkehrte, um einen Meisterkurs an der Günther-Schule zu machen, wurde ihr die Ausreise durch die Gestapo verweigert. Offensichtlich war sie schon längere Zeit überwacht worden. So gab sie ihre Schule in Bulgarien auf, lebte bei ihrer Schwester in Breslau und machte Hilfsarbeiten in einem Kindergarten, „was sich nach einer Weile in Bewegungsunterricht umwandeln ließ." Bald darauf wurde sie, deren Arbeit sich inzwischen herumgesprochen hatte, an eine Jugendmusikschule berufen. Als die Leiterin dieser Schule – Chris Baumgarten – ein Jahr später verpflichtet werden sollte, mit ihren Mitarbeiterinnen in der HJ zu wirken und sich darauf weigerte, wurden alle „in die Rüstung gesteckt". Grundausbildung, schwere Flak, Zwölferzimmer, Doppelstockbetten, nächtlicher Fliegeralarm, Stahlhelm auf dem Kopf, Gasmaske greifbar ... das übliche Schicksal 1944/45. Nach Kriegsende fand Ilse Loesch mit ihrer Freundin zusammen in einem thüringischen Dorf Unterkunft. „Zunächst fanden wir Arbeit beim Unkrautroden auf den Feldern der Gutsherrschaft. Das war schwer und wenig einträglich ... Wir waren angefüllt mit neuer Tatkraft und Ideen. Da war zum Beispiel die Schule noch nicht wieder in Gang. Es gelang uns, die Kinder der unteren Klassen zusammenzuholen und sie zu beschäftigen. Dazu fielen uns immer neue Texte und Lieder und tänzerische Bewegungsspiele ein mit aktuellem Inhalt: vom Ährenstoppeln in Holzschuhen, vom Beeren suchen und Pilze sammeln und vielem anderen, was Spaß machen kann ... Und was für Pläne machten wir für die Zukunft! Was unternahmen wir nicht alles, um wieder Verbindung zu bekommen ... per Post, zu Fuß, mit anderen zusammen in einem Pferdefuhrwerk, das dann im Graben landete, in und an überfüllten Zügen! Manches gelang, und so eröffnete sich schließlich die Aussicht, vielleicht an der Weimarer Staatlichen Frauenschule für sozialpädagogische Berufe unterrichten zu können ... Die Stadt wurde uns in den kommenden acht Jahren lieb und zum Ausgangspunkt vielfältiger Unternehmungen."

Ilse Loesch unterrichtete „Bewegung" für zukünftige Kindergärtnerinnen und Jugendleiterinnen. „Nun kam es darauf an, den jungen Menschen unsere Erfahrungen so weiterzugeben, daß sie sie in einer späteren Tätigkeit als Pädagogen anwenden konnten. Dabei war ihnen vieles für sich selber noch unbekannt. Außerdem brauchten sie die Kenntnis und Beherrschung einer reichen und vielseitigen Auswahl von traditionellen Kinderspielen und für Hortkinder und Jugendliche auch Gruppentänze mit den dazugehörigen Liedern.

Hospitationen an der Weimarer Musikhochschule bei der Ausbildung von Schauspielern begleiteten die Arbeit. Ihr Interesse erweiterte sich hin zu der Verwandtschaft zwischen Bewegungskunst, Architektur und Bildender Kunst. Die Ausbildung der Schauspieler nahm indes einen breiten Raum ein. Daraus ergab sich die Erarbeitung eigener Studienbücher für Schauspieler und Regisseure, zum Beispiel zum Thema „Tänze und ihre Musiken in der Renaissance". Diese zogen dann einen Forschungsauftrag nach sich, aus dem Ilse Loeschs erstes Buch entstand, das 1964 erschien: „So war es Sitte in der Renaissance."

„Nach 1969 habe ich mich auch noch mit Bücher schreiben und was alles so dazu gehörte beschäftigt." Aus der Breslauerin, so schreibt sie selber, war inzwischen lange die Berlinerin geworden. Sie war Mitglied des Clubs der Kulturschaffenden der DDR. In diesem Rahmen schlug sie ein Projekt vor, in dem sich Mitglieder und andere Interessenten mit der kulturellen Entwicklung der Kinder beschäftigen sollten: „Allmählich gelang es uns, eine Gruppe von Künstlern, Pädagogen, Psychologen, Therapeuten und anderen Interessenten zu bilden und durch ihre Mitarbeit monatliche Veranstaltungen im Club dazu durchzuführen. Eventuelle Honorare bezahlte der Club. Wir nannten uns ‚Interessengemeinschaft musische Betätigung unserer Kinder', vielleicht ein bißchen ungenau, weil es uns um die Erwachsenen ging, denen wir zu eigener musischer Tätigkeit, Kreativität und zu Erkenntnissen über deren Wirkung bei sich selber verhelfen und damit ihre Beziehung zu den Bedürfnissen von Kindern förderten.

Bis 1991 war noch immer eine offizielle Möglichkeit zur Weiterführung der Veranstaltungen gefunden worden. Zunächst als Gast bei einer Kindervereinigung, doch nach einer Unterbrechung entschlossen wir uns, als selbständige ‚Interessengemeinschaft zur Förderung von Kultur im Kinderleben e. V.' weiterzuarbeiten.

Die Gründungsveranstaltung fand mit Gästen aus verschiedenen Hochschulen, Schulen und Vereinen in der Berliner Stadtbibliothek statt. Unsere monatlichen Veranstaltungen fanden eine Zeitlang im Rahmen des Programms der Lessing-Hochschule statt und seit deren Umzug in der Diesterweg-Hochschule – und zwar in einer großen Kindertagesstätte in Berlin-Marzahn. Die Gäste bei den interessanten, zum Mitmachen anregenden Veranstaltungen sind fast ausschließlich dortige Mitarbeiterinnen." Die Leiterin ist Vorstandsmitglied. Den Vorsitz führt nach wie vor Ilse Loesch.

Nachdem ihre Arbeit mit Erwachsenen und Kindern unter dem Motto „Kreatives Spielen mit Bewegung –

Klang – Sprache" auch beim Landesschulamt und bei der Berliner Senatsverwaltung für Jugend, Schule und Sport Beachtung gefunden hatte, wurde sie gebeten, in einer Grundschule regelmäßige „Spielstunden" mit einer ersten Klasse durchzuführen. Schon bei den ersten Stunden wurden Video-Aufzeichnungen zur Weitergabe an interessierte Lehrer und Einrichtungen gemacht, und es kommen immer neue Interessentenkreise hinzu.

Und heute?

Zwei Monate nach meinem Besuch in Berlin schreibt Ilse an mich: „Seit du bei mir warst, hat sich mein Tätigkeitsfeld weiter ausgedehnt, hauptsächlich durch die Videos, die von den ersten Kinderstunden in der Grundschule im Auftrag der Senatsverwaltung und des Landesschulamtes gemacht worden waren. So hat die Leiterin der Schule mich nicht nur gebeten, mit Schulbeginn im Herbst in der neuen ersten Klasse zu beginnen, sondern sie hat unlängst auch andere Grundschulkollegen und Grundschulleiter in ihrem Stadtbezirk (Prenzlauer Berg) anhand des Films auf meine Arbeit aufmerksam gemacht. Im März werden wir einen entsprechenden Arbeitskreis für Interessenten bilden. Mit einem anderen Kreis ist es schon im Gange. Die Gesellschaft ‚MUT' (ich weiß nicht, wofür die Abkürzung steht) zur Förderung von Gesundheit, getragen von der Berliner Ärztekammer, hat den Film auch zugeschickt bekommen, und nun bin ich gebeten worden, einem lebhaft interessierten Kreis von Kolleginnen Anregungen aus meiner Spielweise zum Mitmachen zu vermitteln. Das wird dort sicher auch weitergehen. Darüber hinaus bekomme ich dort manche fachliche Information – es sind Ärztinnen, Physiotherapeutinnen und Lehrerinnen – die mir von großem Wert für meine Arbeit sind. Auch in dieser Hinsicht habe ich also weitere günstige Entwicklungsaussichten ... nebenbei beschäftige ich mich – nach kräftigem diesbezüglichem Gedankenaustausch – mit einer Dissertation zum Thema ‚Leben und Werk Rudolf von Labans', bei dem ich ja studiert habe (Anmerkung: überraschenderweise schreibt sie diese Dissertation aber nicht selber! Sie ist ‚nur' an der Betreuung beteiligt ...), wie du siehst, habe ich keinerlei – heute so aktuelle – Arbeitsbeschaffungsprobleme."

Kurz vor Redaktionsschluß telefonieren Ilse und ich mal wieder. Sie hatte sich ein Foto von mir gewünscht, weil sie Gesichter so schnell vergißt. Und sie hatte in ihrem Brief geschrieben, daß sie sich gerne mit einem Pädagogik-Professor, von dem sie in der Zeitung gelesen hatte, auseinandersetzen wolle: „Ich möchte von seinen Erfahrungen und Meinungen über die häufig zu beobachtenden Hemmungen oder Mängel der heutigen Erzieherinnen (Kindergärtnerinnen fand ich besser!) in bezug auf eigene Spielfreude und Kreativität hören."

Wir reden eineinhalb Stunden miteinander und beklagen gemeinsam das von Generation zu Generation immer geringer werdende Wissen und Können um die Möglichkeiten pädagogischer Methoden: Spiel, Lied, Instrumente, Basteln, Werken, ... einfach Ideen haben, was man mit Kindern „machen" kann. Ihr geht es dabei um das Hervorlocken der Anlagen der Kinder, um das, was sie alles *könnten,* wenn jemand sie an-reizen würde, wenn es Zeit und Raum gäbe, wenn sie gelobt würden ... wir reden über die Kreativitätskiller Fernsehen, Video, Computerspiele, über das Haben statt Sein, über den Selbstwert durch Besitz und darüber, wie nötig es wäre, Kindern das Bewußtsein ihres Selbst zu vermitteln durch Locken und Steigern ihrer Fähigkeiten, durch Lob, durch Stolz der Eltern und Erzieher auf das Tun des Kindes. Ich erlebe dieses Gespräch als wirklichen Austausch – und ich kann ihr nur bestätigen, daß das, was sie mit Kindern und für Kinder tut – und ebenso für ihre Erzieherinnen –, der richtige Weg sei.

Immer mehr Menschen und Institutionen sind in den letzten Monaten auf ihre Arbeit aufmerksam geworden, erzählt sie mir. „Es geht so herrlich weiter", sagt sie lachend „ich habe ein so glückliches Alter. Und keiner hat mir was zu sagen, ich bin so frei." Daß sie es zwischendurch gelegentlich mit dem Hüftgelenk hatte, gerade als der Fahrstuhl renoviert und das Geländer über ihre ganzen sieben Stockwerke hinweg gestrichen wurde, erwähnt sie nur nebenbei. Der Arzt habe ihr nicht weiterhelfen können. „Ich bin bei Glatteis ein paar Tage am Stock gegangen und habe Reflexzonenmassage am Fuß gemacht, und jetzt geht es wieder. Die habe ich mir aus einem Buch angelernt.

Und bald habe ich ja meinen runden Geburtstag (sie wird 90). Mein Kreis will mir eine richtige Feier ausrichten mit Sekt und so. Ich soll irgend etwas reden, aber das will ich doch gar nicht. Ich will mich unterhalten, und die können mich dann fragen ... Morgen haben wir wieder eine kleine Sitzung. Da wollen sie von mir wissen, wie ich mit den Kindern für die Unterscheidung von rechts und links arbeite. Weißt du, was mich so interessieren würde? Was passiert eigentlich im Zusammenhang zwischen Bewegung und Lautgebung? Wie ist das mit der Ausdrucksfähigkeit? Was ist das alles, was es bewirkt: Formen und Muskulatur und Gehirn und Kraftaufwand. Dazu wüßte ich noch so gerne sehr viel mehr. Denn wir bewirken ja etwas. Aber wie das genau miteinander zu tun hat, das muß ich noch mal erfahren."

Ab und zu ruft Ilse mich an. Meistens am späten Abend, denn auch sie gehört zu den alten Frauen, die schwer zu erreichen sind. Sie ist beschäftigt, sie ist ausgelastet, sie ist gefragt – und sie weiß um ihren Wert. Sie ist stolz auf das, was sie tut. Das macht die Gespräche mit ihr auch so angenehm – es ist keine „falsche Bescheidenheit" in ihnen, kein Fischen nach Komplimenten. Das, was sie tut, ist wichtig. Kindererzieherinnen und deren Vorgesetzte bestätigen es ihr durch die Nachfragen, durch eigene Neugierde und durch das Interesse an ihrer Arbeit und durch eifriges Aufnehmen und Mitmachen.

In Berlin hatte ich sie gefragt, wie sie den Übergang von der Berufstätigkeit in die Rente erlebt hat. Sie war sehr erstaunt. Es war tatsächlich ein Übergang, kein Bruch. Sie hat es letztlich gar nicht gemerkt, wann sie in Rente ging, denn ihre hauptberufliche Arbeit und das, was sie alles nebenbei tat, gingen ineinander über. Im Grunde genommen war es ihr Lebensprinzip: arbeiten zum Broterwerb, Fort- und Fort- und Fortbildung, und überall da – vor allem mit Kindern – arbeiten, wo es ihr nötig schien. Dabei war es ihr nie wichtig, ob und wieviel

Geld sie dafür bekam. Es hatte immer gereicht, und ihre Rente, die nicht besonders groß ist, reicht ihr auch heute. Alles was sie tut, alles was sie berät, wofür sie zur Verfügung steht, tut sie ehrenamtlich. Und als ich über ihren Satz lache, den ich für dieses Kapitel als Überschrift gewählt habe, kann sie gar nicht nachvollziehen, was daran eigentlich so lustig ist.

Werte, Wissen, Wärme …
oder: Das Ende des Buches

> „In den traditionellen, statischen Gesellschaften, die sich nur langsam entwickeln, ist der alte Mensch Träger des kulturellen Erbes, das er, verglichen mit allen anderen Mitgliedern, in besonders auffälliger Weise in sich vereint. Der Alte weiß aus Erfahrung, was die anderen noch nicht wissen, und sie müssen von ihm lernen, auf dem Gebiet der Moral ebenso wie auf dem der Gebräuche und der Überlebenstechniken."
> (Norberto Bobbio: in „Vom Alter")

Als ich nach dem zweiten Gespräch von Ilse Loesch kam, durch die Ex-DDR-Plattenbauten einen Supermarkt ansteuerte, um mir Reiseverpflegung zu kaufen, und dort eine alte Frau mit einem Einkaufswagen hantieren sah, wurde mir plötzlich im Herzen klar, was meinem Verstand nie unbekannt gewesen wäre, hätte ich darüber nachgedacht: Alte Frauen, grau, gebückt, unscheinbar, meist klein und etwas verwelkt, oft etwas langsam und umständlich, meist mit sich und ihren Gedanken beschäftigt, kaum „wert", daß man ein zweites Mal hinschaut – es sei denn, sie tragen rote Hüte Marke Wagenrad, lila Fransenumhänge oder Zigarettenspitze von auffallender Länge – und welche Biographien! Welche Werte! Welche verborgenen Geistesgaben! Welche menschlich-herzliche Wärme! Welches Wissen! Welche Kultur! Zeitzeugen, die die Fülle haben, aus ihr schöpfen und Außenstehende teilhaben lassen!

„Alte Leute reden immer nur von früher", ist einer der häufigsten Klagesätze über die Senioren. Ich habe bei meinen alten Frauen Bezüge zu Hochaktuellem gefunden: profundes politisches Wissen – weit über die eigene Kirchturmspitze hinaus – literarisches Wissen und dazu eine *fundierte* Kritik. („Und was lesen sie zur Zeit?" Und ich konnte mal wieder nur die neuesten Krimis aus England und Italien benennen, die derzeit den Büchermarkt überfluten und uns Leser zu einer begeisterten Fan-Gemeinde machen, die auf die Fortsetzungen zum Taschenbuchpreis warten! Peinlich! Aber auch hier begegne ich Takt und Herzenswärme: „Diese Titel schreibe ich mir gleich mal auf. Meine Tochter liest auch gerne Krimis!")

Aber sie sprechen auch tatsächlich von früher, wenn man sie fragt – und nicht selten ist es Kulturgeschichte pur, was sie zu berichten haben. Leider konnte ich die Gespräche aus Platzgründen nicht in ihrer ganzen Länge und mit allen Inhalten hier wiedergeben. Auch würde das Geschriebene wesentlich weniger faszinierend wirken, als wie es lebhaft, mit Einschüben, mit Eigenem, mit Erlebtem und mit phantasievollen Kommentaren bei Tee, Kohlrabischnitzen und Waffelröllchen im Gespräch dargeboten wurde.

Alte Menschen als Zeitzeugen und Kulturträger – wir sollten uns immer wieder entsinnen, was verloren geht, wenn sie sterben, ohne daß sie uns ihre Geschichte(n) erzählt haben.

Meine Gesprächspartnerinnen haben sie mir erzählt: gelebtes Leben, gelebte Vergangenheit. Sicher war manches „geschönt", sicher war vieles vergessen worden im Laufe der Jahre und Jahrzehnte! Und sicher ist jeder Mensch dankbar dafür, vergessen zu dürfen – wie könnte man das Leben sonst bestehen?

Nicht nur vom Erfolg verwöhnt

Wenn ich mir diese Biographien in dieser Zusammenstellung „am Stück" durchlese, beschleicht mich eine gelinde Mutlosigkeit: so große, so reiche, so erfolgreiche, so glatte ... Lebensgeschichten! Wo bleibe da ich mit meinem Alltagskram, den Sorgen, den Schmerzen, den Verlusten, den Toden, den vertanen Lieben, den sinnlosen Abschieden, dem vielen Versagen?

Mir geht es mit meinem eigenen Buch ähnlich wie mit meiner Lieblingslektüre, den (Auto-)Biographien: Was für großartige Szenarien, welch dramatische Ereignisse in großen Zeiten und fremden Ländern, welch wunderschöne, herzzerreißende, tragische, unerfüllte Lieben, bei denen man – Herz und Schmerz – sanft mitleiden kann, letztlich aber beim Zuschlagen des Buches alles so „richtig", so abgerundet, so zutiefst menschlich findet.

Nur das eigene Erleben und Erleiden des Schicksals – nicht gebündelt auf 200 Seiten, die man in ein paar Stunden im weichen Sessel bei zarten Klängen aus dem CD-Player erlebt und erleidet – ist so viel weniger romantisch, wichtig, tragend, bedeutend.

Bei manchen meiner Gesprächspartnerinnen wurden auch tragische Ereignisse angesprochen: Einbrüche ins Leben, Schicksalsschläge, schwere Enttäuschungen. Bei einigen kannte ich zuvor schon Einzelheiten, die gesprächsweise allenfalls gestreift wurden.

Fast alle Frauen wollten diese Traumata aber nicht in ihren von mir geschriebenen Lebensberichten veröffentlicht wissen und strichen sie kurzerhand aus meinem jeweiligen Text. Ich mußte es respektieren. Jeder Mensch möchte seine eigene Biographie haben. Außerdem werden viele Ereignisse im menschlichen Leben noch immer mit Schuldzuschreibungen belastet, so daß vermeintliches „Versagen" auch nicht vor Fremden ausgebreitet werden soll. Dennoch: Die Tiefen gehören dazu, weil wir sonst nicht wachsen und reifen können – und deshalb sollen sie hier auch Erwähnung finden. Gleichzeitig machen erst sie es uns möglich, andere Menschen zu verstehen und uns mit ihnen zu verbinden und zu identifizieren. Sie haben doch auch Tröstliches: Auch andere Menschen haben schwer zu tragen, leiden, drohen am Leid zu zerbrechen – und schaffen es dann doch, weiterzuleben – „irgendwie" oder auch bewundernswert stark (geworden).

Die Generation, die sich in diesem Buch versammelt, hat vieles gemeinsam: geboren kurz vor, in oder unmittelbar nach dem Ersten Weltkrieg; frühe Kinderjahre im Nachkriegswirrwarr mit Hunger, mit entbehrungsbedingten Krankheiten, zum Teil ohne Vater, der „im Krieg blieb" oder kurz darauf an den Kriegsfolgen erkrankte oder starb. Sie erlebte in Kindheit und früher Jugend die Weltwirtschaftskrise mit nachfolgender Verarmung, hoher Arbeitslosigkeit und – im jungen Erwachsenenalter dann – den Zweiten Weltkrieg mit menschlichen Verlusten, Flucht, Heimatlosigkeit, Hunger, Bedrohung, Verfolgung.

Für die Frauen der Jahrgänge 1906 bis 1919 (meine Interviewpartnerinnen) bedeutete diese Zeit auch und vor allem die stark eingeschränkte Chance auf Partnerschaft, Ehe, Kinder. Die Männer waren „im Felde", und als der Krieg 1945 vorbei war und die (biologische) Familienplanung hätte erfolgen sollen, waren sie krank, verkrüppelt, vermißt, tot.

Auf alle Fälle gab es ihrer zu wenig, als daß alle junge Frauen, die hätten heiraten wollen, einen Mann ihrer Wahl hätten finden können. Ungewollte Ehelosigkeit und ungewollte Kinderlosigkeit bedingten eine völlige Lebensneuorientierung, die sicher nicht immer ohne Schmerzen abging.

Ausbombung, Evakuierung, wiederum Menschenverluste, endgültiger Verlust der Heimat, Hunger, Armut – auch das teilten meine Interviewpartnerinnen mit allen Frauen dieser Generation.

Hinzu kamen dann aber auch noch Schicksalsschläge, die nicht nur epochen-abhängig waren: der Unfalltod eines Kindes im frühen Alter; der Suizid des einzigen Kindes, verbunden mit schweren Schuldgefühlen; eigene sehr schwere Erkrankungen; schwere Erkrankung und lebenslange Schwerstbehinderung eines Kindes; der Verlust des Lebenspartners in jungen Jahren (zum Zeitpunkt meiner Interviews waren – altersbedingt – alle Ehemänner bereits verstorben, so es sie überhaupt gegeben hatte); eine nichteheliche Schwangerschaft ohne Aussicht, von dem geliebten Mann geheiratet zu werden; der Suizid von Geschwistern …

Lebensprobleme der gesamten menschlichen Bandbreite, wie viele Menschen sie im Laufe ihres Lebens zu bewältigen haben! Und dennoch sind diese Biographien bis ins hohe Alter gelungen. Oder vielleicht gerade deshalb?

Gemeinsamkeiten

Aber auch andere Gemeinsamkeiten als nur die epochal bedingten der vergangenen Jahrzehnte habe ich bei „meinen" alten Frauen gefunden. Besser: Sie sprangen mir ins Auge, sie waren im Umgang zu spüren, sie imponierten mir – zumal ich vieles als so ganz anders als in meiner eigenen Generation ge- und empfunden habe.

In erster Linie waren es Selbstdisziplin und Zuverlässigkeit, verbunden mit all den Tugenden, die sich um diese beiden herumranken: Pünktlichkeit, Verbindlichkeit, hohe Aufmerksamkeit für andere, Mitverantwortung …

Ich wurde nicht einmal „versetzt". Nie kam ein vereinbarter Termin nicht zustande – und das nicht etwa, weil ich dankbar willkommen war, um Langeweile zu vertreiben, eher im Gegenteil! Zugesagtes kam pünktlich –

oder es kam pünktlich eine Entschuldigung und Erklärung. Immer gab es ein Mitdenken und Mitüberlegen (z. B. die Titelproblematik oder die Suche nach weiteren Interviewpartnerinnen zwecks Abrundung des Spektrums). Sie brachten sich und ihre Ideen ein und machten mein Projekt zu ihrem, auf daß es gelänge.

Noch etwas fiel mir auf: Es stimmte immer das Verhältnis von Distanz und Nähe – ob per Du oder per Sie: Ich fand Warmherzigkeit und Zugewandtheit und aufmerksame Gastfreundschaft – wurde dann aber auch wieder losgelassen. Ein gelegentliches Kontaktaufnehmen wurde nie zum „Muß". Die Voraussetzung dafür ist vermutlich eine ganze Portion Gelassenheit, die viele von uns im Laufe des Lebens erst mühsam lernen müssen (Ich bin noch arg am Kämpfen!), das Wissen (die Erfahrung!) „es wird schon werden" oder – wie meine Großmutter ohne jegliche Resignation zu sagen pflegte: „Es hat nicht sollen sein!"

Immer wieder schien mir dieser Art des Umgangs miteinander die wesentliche Voraussetzung dafür zu sein, im Alter nicht zu vereinsamen: Jeden Menschen freudig anzunehmen, ihn gleichzeitig aber „sein" zu lassen.

In diesem Zusammenhang machte ich noch eine für mich ziemlich neue Erfahrung: Ausgesprochen oder nicht – Menschen gehen vor! Vor allem haben sie Vortritt vor dem Fernsehen! Auch das hob „meine" Alten für mich aus dem Schatz meiner vielfältigen personalen Erfahrungen hervor. Wie oft ich am Telephon unerwünscht bin, weil gerade eine Schnulz- oder Schmerz-Serie ausgestrahlt wird oder ein Mörder sein Unwesen im Wohnzimmer treibt oder sich andere Tunichtgute auf dem Bildschirm austoben, kann ich gar nicht mehr zählen. Da ich als Nicht-Fernseherin im Programm nicht bewandert bin, passieren mir diese Pannen natürlich immer wieder – und ich schleiche mich dann mit einer schnellen Entschuldigung aus dem Hörer, der auf der anderen Seite oft schon eher aufgelegt ist, als ich mich zu Ende entschuldigt habe! Das betrifft aber nur meine Generation (die ganz Jungen erstarren eher vor Ehrfurcht, als daß sie mir irgendeinen Bösewicht vorziehen würden).

Aber was hörte ich bei meinen Interviewpartnerinnen? „Einen kleinen Moment mal eben, ich mache mal eben die Kiste aus!" „Wenn ich störe, rufe ich später nochmal an." „Nein, nein, soo wichtig ist das alles nicht!"

Fernsehen ist (für viele) wichtig, um „mitreden" zu können. Aber mit wem kann man mitreden, wenn man zuvor alle fernsehbedingt entsorgt hat? Für „meine" Alten ist Fernsehen auch ein Lückenfüller – neben einer gezielten Auswahl an (in der Regel) politischen Sendungen. Das eigentliche Leben liegt bei und in anderen Menschen! Diese *sind* ihnen wichtig – für sie selber und um des anderen willen. Und das ist es, was Kontakte aufrechterhält. Spätestens nach der dritten fernsehbedingten Absage rufe ich auch gute Freunde nicht mehr an und denke: Auch so kann man seine Einsamkeit im Alter vorbereiten!!

Gemeinsam hatten alle meine Gesprächspartnerinnen auch die Abneigung, dauerhaft über Zipperlein, Krankheiten und Leiden zu klagen. Information über eine aktuelle gesundheitliche Sensation: ja, aber dann: Themenwechsel. Über Gesundheit, Krankheit, Körper wird oft nur nach Nachfragen berichtet. Es gibt anderes, Wichtigeres. Und wie Frau Dorno sagte: „Wir haben doch alle irgend etwas. Dafür sind wir nun mal alt, da geht es nicht mehr alles so wie früher. Warum sollten wir uns ständig darüber austauschen? Wir wollen uns nicht reinsteigern. Wir werden langsamer. Bei manchen nimmt die Sehfähigkeit sehr schnell ab. Und Beschwerden mit dem Rücken und den Gelenken hat man in diesem Alter eben auch. Nicht jedes Essen ist mehr verdaulich. Aber das geht niemandem anders an. Also brauchen wir darüber nicht zu reden. Oder sollen wir uns jedesmal fragen: Und was hast du schon für Ersatzteile?"

Auch hier hilft die strenge Selbstdisziplin: nicht hängen lassen. „Wenn ich morgens nicht sofort nach dem Aufwachen aufstehe, sacke ich ab. Da kann es mir passieren, daß der Kreislauf runtergeht, ich nicht mehr hochkomme, und dann ist die Depression da. Das kann ich mir nicht leisten. In meiner Familie gibt es Depressionen und Selbstmord. Dem muß ich entgegenwirken. Bisher habe ich es fast immer geschafft!"

Also wird (freiwillig!!) um acht Uhr aufgestanden, der Tag geplant (falls das nicht schon vor dem Zubettgehen geschah!) und systematisch gestaltet. Es ist keine Rigidität des Alters, wenn die Tagesabläufe gezielt geplant, strukturiert und bis hin zum abendlichen Fernsehkonsum durchgezogen werden. Es ist die Erfahrung (für die man nicht erst alt werden muß!), daß sich nachgeben, hängen-lassen, mit-sich-selber-schlampen auch zum Absturz führen kann. Und der muß – zumal bei Alleinlebenden – strikt vermieden werden.

„Eine eiserne Generation", höre ich immer wieder, wenn ich über meine Frauen spreche – und: „Gestählt durch zwei Weltkriege und viele Notzeiten!" Mag sein! Aber nicht alle sind durch diese Zeiten gestählt und überlebensfähig gemacht worden. Allzu viele blieben auf der Strecke, und es ist fraglich, ob Menschen nur durch soviel Not und Leid pragmatisch, zuverlässig, verantwortungsbewußt werden können. Vielleicht ist es die disziplinierte Art, mit sich selber, mit anderen und mit dem Leben umzugehen? Vielleicht haben sie alle in ihren frühen Jahren die Erfahrung in ihren Elternhäusern gemacht (in vielen Interviews klang es an oder wurde gezielt betont), daß sie „wichtig" waren und geschätzt wurden. Ja, sie alle nahmen und nehmen sich wichtig. Sie sind „wer", sie fühlen sich wert und strahlen dieses starke Ich-Gefühl auch aus. Aber sie stellen sich selber nicht über alles, erleben sich nicht als der strahlende Mittelpunkt, sondern lassen andere Menschen ebenso wichtig „sein".

Ob wir auch einmal so werden? „Du mußt auf dem Weg bleiben", hat mir eine Frau gesagt. „Du mußt gut auf dich achtgeben, wie auf andere auch. Du mußt immer sorgsam mit dir umgehen, auch mit deinem Körper. Du mußt dich wichtig nehmen, das bist du nämlich." Und dann lächelnd: „Aber nicht zu sehr! Das bist du nämlich nicht!"

Alles Gesagte und Geschriebene und alles Erfahrene dieser Arbeit finde ich wieder bei Simone de Beauvoir, und so soll durch ihre Sätze diese Arbeit beendet werden:

„Wollen wir vermeiden, daß das Alter zu einer spöttischen Parodie unserer früheren Existenz wird, so gibt es nur eine einzige Lösung, nämlich weiterhin Ziele zu verfolgen, die unserem Leben einen Sinn verleihen: das hingebungsvolle Tätigsein für Einzelne, für Gruppen oder für eine Sache, Sozialarbeit, politische, geistige oder schöpferische Arbeit.

Im Gegensatz zu den Empfehlungen der Moralisten muß man sich wünschen, auch im hohen Alter noch starke Leidenschaften zu haben, die es uns ersparen, daß wir uns nur mit uns selbst beschäftigen. Das Leben behält einen Wert, solange man durch Liebe, Freundschaft, Empörung oder Mitgefühl am Leben der anderen teilnimmt. Dann bleiben auch Gründe, zu handeln oder zu sprechen."

Zitierte und weiterführende Literatur

Bobbio, Norberto: Vom Alter – De senectute. Salto Verlag

Beauvoir, Simone de: Das Alter. Reinbek 1972^{4} (Rowohlt-Verlag)

Hesse, Hermann: Mit der Reife wird man jünger. Beobachtungen und Gedichte über das Alter. Frankfurt/M. 1990 (Insel-Verlag)

Jaeggi, Eva: Viel zu jung, um alt zu sein. Das neue Lebensgefühl ab 60. Reinbek (Rowohlt-Verlag)

Loesch, Ilse: Mit Leib und Seele. Erlebte Vergangenheit des Ausdruckstanzes. Berlin 1990 (Henschel-Verlag)

Meusel, Heinz: Bewegung, Sport und Gesundheit im Alter. Quelle und Meyer-Verlag.

Pinkola Estés, Clarissa: Die Wolfsfrau. Die Kraft der weiblichen Urinstinkte. München 1997^{14} (Heyne-Verlag)

Smith, Page: Das Alter ist ein anderes Land. Ein Reisebericht. München 1997.

Strecker, Dieter: Die Altenrepublik. Fellbach 1989^{2} (Lucy Körner-Verlag)

Swientek, Christine: Mit 40 depressiv, mit 70 um die Welt. Wie Frauen älter werden. Freiburg 1997 (Herder-Verlag)

Swientek, Christine: Mal sehen, was das Leben noch zu bieten hat. Freiburg 1995 (Herder-Verlag)

Trekel, Studs: Die Alten sind doch nicht wir. Lebensspuren durch unser Jahrhundert. Ch. Links-Verlag

Wallis, Velma: Zwei alte Frauen. Eine Legende von Verrat und Tapferkeit. Klein-Verlag

Walker, Barbara: Die weise Alte. Kulturgeschichte – Symbolik – Archetypus. München 1986. (Frauenoffensive)